JN176649

プロが教える実家の片づけ

片づけ上手塾　エグゼカレッジ表参道校　代表理事
渡部亜矢

ダイヤモンド社

今すぐ

実家を片づける5つのメリット

実家を片づけるメリットは、キレイになることだけではありません。

親が健康になる、離れていても安心していられる、そして経済的にもおトクなことが実はたくさんあるのです！

3

活動的になり、
健康寿命が
延びる

4

ムダ買い、
ムダな出費がなくなり
お金が貯まる

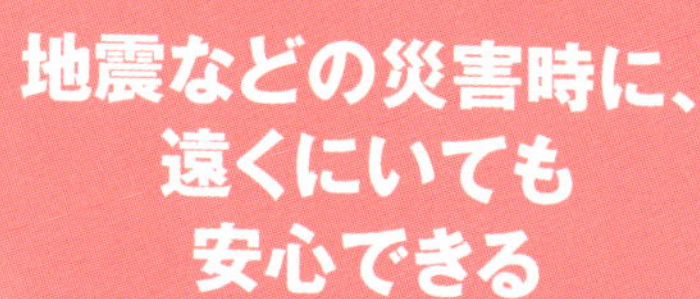

5

地震などの災害時に、
遠くにいても
安心できる

開けて
ビックリ!
親の家

「実家の片づけ」に直面した人々

ご紹介する4件のケースは、私が片づけをお手伝いしたお宅です。

誰にでもできる簡単な手順と少しのコツでどのお宅も「実家の片づけ」に成功されました!

廊下の片づけ

[親60代・女性／娘40代後半]

3.11以降、帰るたびに廊下に物が増えていくのが気になっていました。気が付けば、水や防災リュック以外にもいただきものの果物や宅配便まで置きっぱなしに。注意すると、「このほうが涼しいから腐らないんだ」というばかりで。廊下にあるといざというときに逃げられない、夜中にトイレに起きたときに転んだら危ないからと、納得してもらい、片づけに成功。今のところはリバウンドもしていません。

寝室の片づけ

[親70代・女性／娘40代前半]

同居している母の部屋が、どんどん物で溢れていくのがずっと気がかりでした。言ってもなかなか片づけてくれないので、誕生日プレゼントとして渡部さんに片づけのお手伝いを依頼。6年前に引っ越してきたときの段ボールや、着なくなった洋服を3の法則を使って仕分けしていったら、みるみるきれいになっていったのには母娘そろってビックリしました。

水の賞味期限はとっくに切れています

3つの手順で、いざというときに「つまずかない・転ばない」廊下に変身！

買ってきた物が置きっぱなしの廊下

詳しくは102ページへ

渡部式3の法則で片づけ完了

部屋中に着ていない洋服がいっぱい！

机が片づき、手紙を書いたりパソコンに向かう時間も増えました

足元にもクリーニングから戻ってきた洋服が置きっぱなしに

詳しくは127ページへ

家のいたるところの頭上に物が溢れている！

家具類の上の片づけ

［親60代・男性／娘30代］

家具が倒れたら危ないからと、転倒防止器具を取り付けたまではよかったのですが、そのすき間に物を置きたがる父。それをなんとかしたいと前々から思っていました。渡部さんから「せっかくの器具もこれではもったいない、防災面でも危険だから移動しましょう」と勧められ、片づけはじめたら、そのままスムーズに本棚の中も片づけることに。今は、本棚そのものの処分も検討してくれています。

洋服や物で溢れている部屋。10年以上もそのままだったとか……

寝室の片づけ

［親80代・女性／娘50代］

亡くなった父との思い出の部屋を、10年間そのままにしていた母。そこには着ない服や古いタオルなどが山に積まれていました。入院をきっかけにようやく重い腰を上げてくれたのですが、2人ではケンカになるばかりでなかなか片づけが進みませんでした。しかし、渡部さんに依頼して片づけはじめたら、ケンカどころか母と父の昔話を聞くこともできて、とてもよかったと思っています。

家具類の上から物を撤去。これで離れて暮す子どもたちも安心です

詳しくは108ページへ

8つのポイントを大切にし、渡部式で片づけたところケンカすることもなく見違えるようにきれいになった

詳しくは127ページへ

はじめに

「ウチの片づけ」と「実家の片づけ」はまったく別のものです

「片づけの本」と聞いて、あなたはどんな中身を想像するでしょうか。便利グッズがたくさん掲載されている本でしょうか。すき間を賢く使った収納の方法論でしょうか。それとも、片づけをすることで人生が変わった人たちの体験談でしょうか。

確かに、これまでの片づけ本には、それらの手法やお話が、ありとあらゆる角度から紹介されていました。でも、本書は違います。なぜ違うのか。それは本書の目的が、**「実家を片づける方法」**に特化したもの、だからです。

同じ片づけでしょ？　何が違うの？

あなたがそう思うのはごもっともですね。同じ「片づけ」だもの、自分の家も実家も同じだと――。

実際、私が主催する「実家の片づけ」をテーマにしたセミナーにいらっしゃる多くの方が、自分の家の片づけと同じやり方をして「実家の片づけ」に失敗した方々です。

つまり、ほとんどの方が従来の片づけ本にある方法（収納術や便利グッズの使用など）を実家の片づけに当てはめて失敗した方々なのです。

なぜ、失敗してしまうのか。理由はたったひとつ。みなさん**「自分の家の片づけと実家の片づけはゴールが違う」**ことをご存じないからです。

自分の家を片づけるゴールは「きれい」にすることであり、楽に家事ができることであり、めざすはモデルルームのようなおしゃれな家です。

一方、実家の片づけのゴールは、**「親が安心・安全・健康に暮らせる家」**です。そして、ここがいちばん重要なのですが、親の家の主（あるじ）は親であり、子どもであるあなたではないということ。勝手に捨てていいものはひとつもないし、親の考えを無視して動かしていいものはひとつもないということです。

私がこうお話しすると、必ずといっていいほど、

「でも、いちいち親の言うことを聞いていると何も捨てられないし、険悪な雰囲気になってしまう。だからもう、実家の片づけなんてしたくない」

という意見が出てきます。

「親が亡くならない限り片づけるのは無理だから、そのまま放っておいたほうがラク」

そんな声も聞こえてきます。「見なかったことにする」という逃げの論法です。

本書にも、〝遺産整理〟〝施設入居時の片づけ〟などの表現は出てきますが、基本的に扱っているのは「親が元気で、意思があるうちに行う実家の片づけ」です。

もし、あなたが60歳の両親が住む実家を先ほどの声のように、「どうせできないから」と先延ばしにしていたらどうなるでしょうか。平均寿命と照らし合わせても、あと20年は少なくともそのままの状態が続きます。それどころか物は増え続けるのです。**人間は誰しも、生きる時間に比例して思い出と物が増えていきます**。それに引き替え、体力は落ちていく。親ももちろんですが、問題なのは子ども世代であるあなた自身も年をとってしまうということです。気づいたら、親の物だけではなく、自分の物も増えてい

て収拾がつかない……。今度は自分の子どもたちから「片づけられない親」と言われてしまいます。さらにそのまま放っておくと、自分の子どもに2世代分の負の遺産を残すことになってしまうのです。

また、私が「親が60歳になったら、たとえ元気でも実家の片づけを行いましょう」と言っているのにはわけがあります。それは、親が亡くなったあと、つまり遺品整理は、今のあなたが考える「実家の片づけ」とは比べものにならないくらい大変かつ悲しいものだからです。

何の片づけもしないまま迎えた遺品整理は、整理とは名ばかりの、貴重品、重要品を探し回る「家探し（やさがし）」です。なかには大金を払って業者にお願いする人もいます。**100万円かかって大変だったという人もいる**ほどです。

さらに、よほどのことがないかぎり、親が亡くなったあとはつらい思いをします。今までは「片づけたほうがいい」と言っていたものでも、思い出が増幅し、あなた自身が捨てられなくなってしまいます。その結果、何年も放ったらかしにしてしまう……最近話題の空き家問題は、おそらくこの一端でしょう。

よく、セミナーで「いつになったらはじめればいいですか？」という質問を受けます。本書でも詳しくご説明しますが、**あなたがこの本を手にしたこの瞬間こそ、「実家の片づけ」をはじめるベストタイミングだと私は思っています。**

コーヒー好きの母に現れた変化が、私に決断させた

現在、私は「片づけ上手塾　エグゼカレッジ表参道校」で高齢化社会における片づけ＝「大人片づけ」と題したセミナーを行っています。講師という立場から、実家の片づけに悩みを持っている方々にアドバイスを行ったり、実際に受講生さんや、一般の人の実家の片づけを手伝ったりもしています。また、全国各地で講演やセミナーを開催したり、雑誌やテレビにも出演してプロの目線から実家の片づけのアドバイスを行ったりもしています。

なぜ、私が「実家の片づけ」講師になったのか。それは、**私自身が「実家の片づけ」で悩み、悪戦苦闘した、という実体験がある**からです。

ある日久しぶりに実家に帰った私は、言葉にできない違和感を抱きました。私と違い、母はキレイ好きです。なのに、なんとなく掃除が行き届いてない感じがする。以前なら、孫の顔を見れば、あれもこれもとテーブルに並ぶはずの料理も出てこない――そんなときもあるよね、今日はきっと疲れているのよね。私はそう自分に言い聞かせました。きっと母の老いを認めたくない気持ちが心の中にあったのでしょう。

決定的なことが起こったのは、何年か前のお正月でした。趣味が日本画の母は、毎年自分で描いた絵を印刷して年賀状にしています。ところが、その年のものは、数年前に見たことがあるものでした。私はうっかり「これって、ずいぶん前の絵じゃないの？」と、責めるような口調で言ってしまったのです（本書でいうＮＧワードの極みです）。母は、はっとした表情を見せ、「さすがにするどいね。見てないようで見てるんだねぇ」と言いました。顔では笑っていましたが、その口調はちょっと、いやかなり寂しそうでした。

日本画というのは、絵の具を混ぜたり、下色を重ねたりするので、描くのにかなり体力がいります。いくら好きなことでも、億劫になってきたのでしょう。他人ならもう少し遠慮というものがあるのでしょうけれど、これが親子の難しさです。そういえば、押し入れには10年以上前から、いつか描くと言って買ったままの白地のキャンバスが放置されたままでした。誰でも年を取る。完璧なはずの母も。

よく家の中を観察すると、変化が忍び寄っていました。母は、海外旅行のたびに買い求めたいくつものお気に入りのカップの中から、毎日その日の気分でカップを選び、コーヒーを飲むのが習慣の自称「珈琲通」です。ところが、いつの間にか台所の食器かごに置かれていたのは、キャンプで使うようなホーローの歯磨きカップのようなものでした。よく見まわすと、キッチンには1人用に新しく買った小さくて軽いミルクパンやフライパンと、昔から使っている大きな雪平鍋や大鍋が混在し、かえって物が増えている印象を受けました。

さらに驚いたのは、年を取ったという理由で、冷蔵庫を大きなものに買い替えていたことです。母はひとり暮らし。ファミリーサイズの冷蔵庫なんて必要ないはずなのですが、買い物に行けなかったときの不安から、まとめ買いができるようにしたと言います。しかし、冷蔵庫の中には案の定、食べきれなくて賞味期限切れのものが……。

このときを機に、私は実家を片づける決心をしたのです。

実家の片づけ版「ＰＤＣＡ」で片づけの常識が変わった！

とはいえ、働いている私は頻繁に帰ることもできず、実家の片づけに専念できるのは、せいぜい年に数回程度。それに、そのときには片づいていても、次に帰ったときにリバウンドしていたら、なんの意味もありません。**時間とお金をかけず、母とケンカすることもなく、リバウンドゼロの実家の片づけ。**

あれこれ考え、実践し、失敗（ケンカやリバウンド）を繰り返した結果、私は**「実家の片づけは仕事と同じだ」**ということに気づきました。仕事をしていたら、「こっちのほうが効率的なのに」と思っても、理不尽(りふじん)なこれまでのやり方に従わなければいけないときもあります。また、不本意な意見にも同意しなければいけないこともあるし、酔っぱらった上司がいつも話していることに、毎回新鮮なリアクションを取らなければいけないときもある。それと同じだと考えればいいのだと。「自分の親に対してそれは、冷たい」と思われる人もいるかもしれませんが、親だからと言いたいことを言ったり、自分のやり方を押しつけるほうがよっぽど冷たいし、親不孝だと私は思っています。そう気づいたとき、私はビジネスの手法がもっともっと実家の片づけに役立てられるのではないかと思いはじめました。そして気づいたのが、**ＰＤＣＡを実家の片づけに当てはめていけば、最短・最速・最効率的にリバウンドゼロの実家の片づけが実現できる**、ということでした。

ＰＤＣＡとは、ビジネスの世界でよく使われているもので、**Ｐ（Plan）は計画、Ｄ（Do）は実行、Ｃ（Check）は評価、Ａ（Act）は修正**を意味し、これを行うと仕事が効率よく回る理論のことです。実家の片づけも、基本的にはこの理論と同じです。そして、ビジネスの手法を実家の片づけに当てはめ、誰にでもできるメソッドに落とし込んだのが、本書でご紹介する渡部式「実家の片づけ」です。おかげさまで、現在の母は日本画の趣味も復活、10年前に買ったキャンバスにも新しい画を描きはじめました。

本書の中では、第2章でＰにあたる計画（事前の準備もここに入ります）を、第3章で紹介する具体的な実践方法をＤとし、第4章であなたがいなくなってもリバウンドしないためのＣとＡをご紹介していきます。

「実家の片づけ」は暗くて、つらいもの？

いえいえ、そんなことはありません。中には**ぎくしゃくしていた親子関係が修復した**という人がいます。また、**会話が増えたという親子**もいます。**孫がよく遊びにきてくれるようになった**という親御さんもいらっしゃいました。

みなさん、最初は「面倒だから」「片づけが苦手だから」と先延ばしにしていた方々です。

私はこれまでたくさんの「実家の片づけ」を行った人々を見てきましたが、1人として、やらないほうがよかったという人はいませんでした。それほど、実家を片づける効果は絶大なのです。

さあ、今すぐあなたもこの効果を味わってください！

プロが教える実家の片づけ　目次

第3章

最速・最短・最効率的・しかもリバウンドゼロ「実家の片づけ」いざ、実践!

実行

第4章 ここだけ、これだけで大丈夫 9割の人が経験するリバウンドはこうして防ごう

チェック・修正

第5章 親のため、自分のためにも賢く使う アウトソーシング活用術

活用

付録

第1章

「実家の片づけ」で失敗しないために知っておきたい7つのポイント

ポイント

実家の片づけは億劫、面倒臭い。そう思っていませんか？　実は本章でお伝えする7つのポイントさえ理解していれば、簡単、効率的、リバウンドゼロで実家の片づけミッションを成功させることができます。第2章からの実践編をさらに簡単にするためにも、このポイントはぜひ押さえておきましょう。

ポイント1 「実家の片づけ」のゴールは、きれいな家ではない

はじめに、でもお伝えしたとおり、「実家の片づけ」のゴールは、親が安心して安全に、健康に暮らせる家にすることです。決して、雑誌に出てくるモデルルームのような家ではありません。そのためには、最初に次の3点に注意する必要があります。

①スッキリ片づけすぎない
②正論より習慣を優先する
③ゴール設定を共有する

ひとつずつ詳しくご説明していきましょう。

まず①の**「スッキリ片づけすぎない」**は、意外だと思われるかも知れませんね。

子ども世代は何事もシンプルが主流です。きれいな家と聞くと、知らず知らずのうちに家具が少なく、余分なものが少なく、スッキリと収納されている家をイメージしてしまいます。

しかし、**「もったいない世代」の親たちにとって、スッキリした家というのは、イコール物がない家**です。貧しい時代を生き、物で生活を彩ることで安心感を得てきた親世代は、物に囲まれている生活こそが豊かさの象徴でした。そんな我が家から突然物がなくなってしまうと、不安になります。今ある実家の姿は、**「親なりに創意工夫を凝らした結果」**です。親は物が溢れていてもちっとも困ってないし、わざわざ物を減らして不安を増やしてまできれいな家に住みたいとは、これっぽっちも思っていません。

また、タンスや鏡台を勝手に動かしたり捨てたりしてしまうと、戸惑う親もいます。子ども世代からすれば単に古いだけのこれらの家具も、実は嫁入り道具の大事な思い出の品である場合も多いのです。あれも捨てて、これも捨てて……と、片づけ終わったあとにスッキリするのは、実は子どもだけ。残された親は物がなくなった部屋で寂しい思いをしてしまうかもしれません。同居しているならまだしも、片づけ終わった子どもたちが、嵐が去ったように実家からいなくなった後、スッキリしすぎた家に残された親が寂しく思わないわけはないのです。この心理こそが、片づけてもリバウンドしてしまう原因にもなってしまいます。残された親が寂しい心をまた物を買うことで埋めようとするからです。

また、**認知症になると、家具の配置や壁のシミなどで自分の家を認識していることもあるので、家具の配置を変えるだけでパニックになってしまう**こともあります。親の同意なしに、昔からある大きな家具などはむやみやたらに捨てないほうがいいこともあるのです。

②の**「正論よりも習慣を優先する」**は、親には正論も理屈も通用しないということを肝に銘じておくことです。「こうしたほうが便利」「こういうふうに置いたほうが効率的」などという、**子ども世代が正しいと思うことは、ほとんど通用しない**と心得ておきましょう。子どもから見てどんなに不便なことでも、親からしてみたら、過去何十年もそうやってきたという経験に裏打ちされたものです。はじめに、でお伝えしたとおり、実家の主は親です。まずは**親の習慣を優先して片づけることが大前提**なのです。

最後の③**「ゴール設定を共有する」**は、実家の片づけを成功させるかそれとも失敗に終わるかをわける鍵にもなります。これができていないと、必ず「ケンカになる」「リ

「実家の片づけ」を成功させる３つの心得

1 スッキリ片づけすぎない

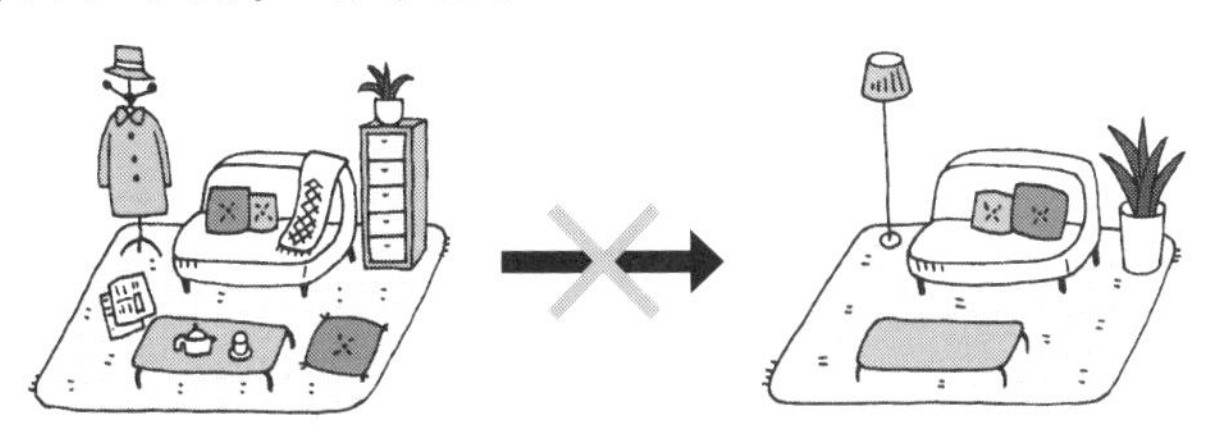

2 正論より習慣を優先する

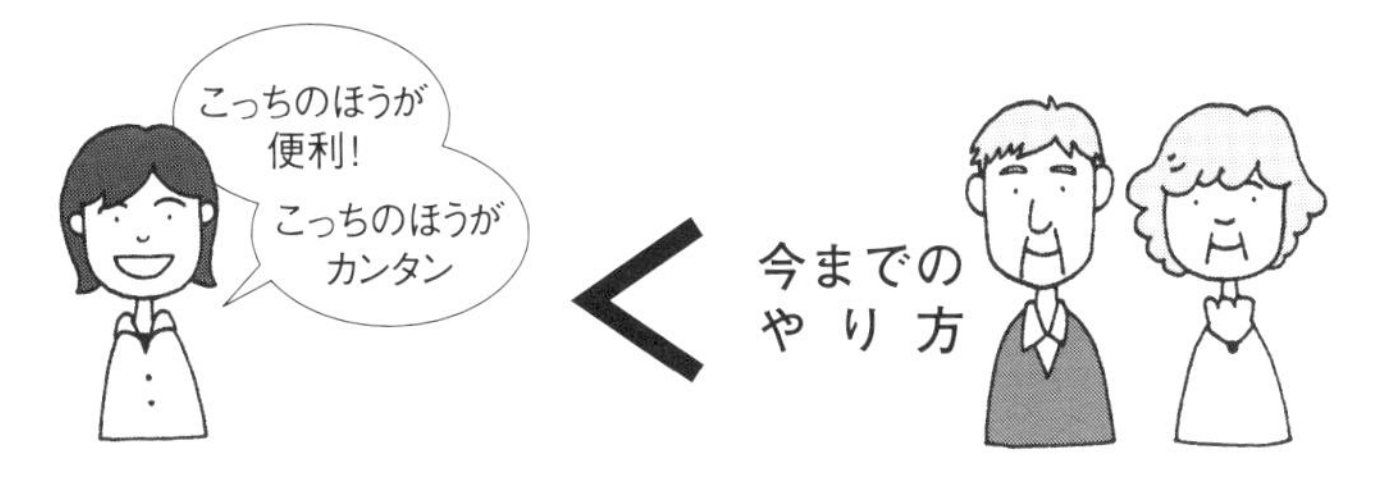

3 ゴール設定を共有する

バウンドする」「挫折する」ことになります。それを避けるためには、まずあなた自身が**「親が安心・安全・健康に暮らせる家」**が**「きれいに、完璧に、スッキリ片づいている家ではない」**ということを認識すること。

そして、「このままじゃ危ないから一緒に防災のことを考えて片づけよう」「健康で長生きしてほしいから、そのために片づけよう」ということを親世代に伝え、共通のゴールをめざすことが大切なのです。

「ウチの親だけは大丈夫」という幻想は持たない

子どもというものは、なぜか「ウチの親は大丈夫だから」「まだまだ元気」と思っています。親の老いを認めたくないという子ども心のせいもありますが、実は親のほうも、**たまに会う子どもの前ではムリをして元気なふりをしているケース**もあるのです。

特に、**注意をしたいのが「母親×息子」の関係**です。

かわいい息子、自慢の息子が帰省となれば、余計なものは見えない場所に隠し、普段よりも手間のかかる料理を作ってかいがいしく世話をやいたりします。そんな元気な親の姿を見て、息子は安心して甘えます。結果、冒頭のように「ウチの親はまだまだ元気、大丈夫」となってしまうのです。

同様に、**「デキる娘、よくできた娘も注意が必要」**です。彼女たちは、小さい頃から家事を手伝い、ゆくゆくは自分が親の面倒を見なければいけないことを自覚しています。仕事もでき、会社でも責任ある地位にいることも多く、自分自身も完璧な妻であり母です。

親のことも気がかりだけど、自分の生活も忙しい。だから、自分の親はまだまだ大丈夫、当分元気なままだろうと、親の老いを先延ばしにしてしまうのです。

どちらのタイプも、はっきり言って間違ったポジティブ思考の現れです。

どんな親にも、平等に老いはやってくるのです。

では、実家の片づけに取りかかるベストなタイミングとはいったいいつなのでしょうか。私は次の５つのうち３つ以上当てはまるようなら、それが実家の片づけを決心するときだと考えています。

□親が60歳を過ぎた
□冷蔵庫に賞味期限切れの物が入ったまま
□趣味や好きなことをする回数（時間）が減った
□リビングの親がいつも座っている場所の周りに、出しっぱなしの物が増えた
□まとめ買い、床置きの物が増えた

ちなみに、厚生労働省が２０１０年に発表した調査によると、男性の健康寿命（健康

３つ以上YESなら今すぐ「実家の片づけ」をしよう

1 親が60歳を過ぎた

2 冷蔵庫に賞味期限切れの物が入ったまま

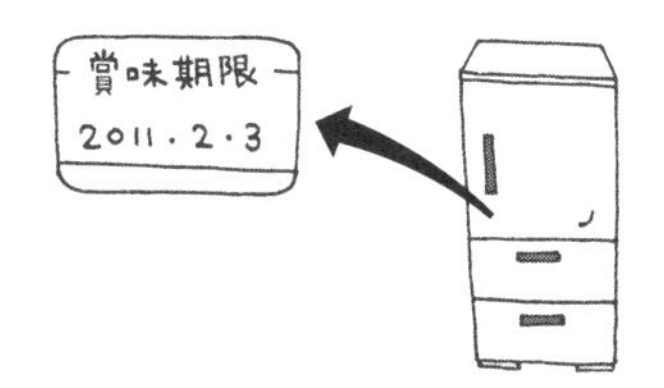

3 趣味の時間が減った

4 リビングに出しっぱなしの物が増えた

5 まとめ買い、床置きがいっぱい

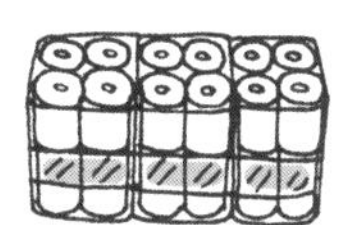

上問題がなく、日常生活が送れる期間のこと）は、70・42歳で、平均寿命まで9・13年、女性の場合は73・62歳で平均寿命まで12・68年ある、という結果が出ています。男女共に70歳を過ぎるあたりから、健康面にさまざまな不安が出てくるということです。この頃になると、実家の片づけは、本書でご紹介する「親が安心・安全・健康に暮らせる家」という目的から、「遺品整理」（親が亡くなってしまう）、「施設への引っ越し」という、まったく別の問題も視野に入れなければならなくなります。

もし、あなたのご両親がすでに60歳を超えているようなら、今すぐはじめても決して遅いということはないのです。

「させる」「あげる」をまず捨てる

この仕事をやっていてよく受ける質問は、「親に片づけをさせるにはどうすればいいですか?」というものです。

実は、これがいちばん大きな勘違いです。

ここから脱しない限り、実家は決して片づきません。そもそも実家はあくまで親の家。**主人公は「親」です**。「片づけを〝させる〟」と、強制している段階ですでにNG。

遺品整理やどうしても親不在で実家を片づけなければいけない状況でなければ、自分を主語にしてはいけません。大金をはたいて高価な収納家具を買っても、業者を頼んで「片づけさせて」も、**親に強制している限りは、行きつく先はケンカであり、リバウンドなのです**。

同様に、「片づけてあげる」という人もいます。これも主語が自分になっていますから、当然NG。2時間もしないうちに「片づけてやっているのに！」とケンカになるのが目に見えています。実家は物だけではなく、売り言葉に買い言葉に溢れています。「お母さんが頼んだわけじゃないでしょ」「じゃあもういいよ」――その結果、母娘断絶という事例も少なくないのです。

すでにおわかりのように、実家の片づけに説得や強制はまったく無意味です。**あくまで「片づけさせてね」というお願いモードで挑むのが成功への近道**。最大のポイントは、片づけることがいかに親にとっていいことなのか（本の冒頭にある5つのメリットを上手に使いましょう）をことあるごとに引き合いに出すことです。中でも**「孫が喜ぶ」「孫が遊べる」といったフレーズは最強の殺し文句**。

片づかない実家のままでは、子どもの側が困る、という子どもの都合だけでは、親は決して動きません。実家の片づけは、**理屈も正論も説得も通じない世界**です。感情と感情のぶつかり合いになった時点でアウト。そこから先に進むのは難しくなってしまいます。

言っただけで片づけが即先のばしになるNGワードとは

実家を片づける際、絶対に言ってはいけないNGワードがあります。

これを言ってしまうと、片づけ時間は2倍、3倍になることは当たり前、というほど重要なのですが、実はこれ、子どもの側から見ると、**「実家の片づけでついつい言ってしまうあるあるワード」**、ともいえるのです。

［親の人格を否定するNGワード］

「どうせ使わないんでしょ」「どうせ着ないんでしょ」

「汚い」「センスが悪い」「古すぎ」「なにこれ！」「物が多すぎ」

「いつか使うって、いつよ？」「なんでこんなものとっておくの！」

悪気がなく言った言葉でも、言われた親にしてみれば、全人格を否定されたように感じてしまいます。

［私を困らせないで系NGワード］

「荷物を残されて困るのは私なんだから」
「まったくお母さんったら、いつもこうなんだから」
「私の言うとおりにしてよ」
「前は片づけられたじゃない」

片づかなくて困るのは子どもの方です。親は片づかない部屋に住んでいても、基本的に困ってはいません。**あなたのメリットではなく、親のメリット**を伝えて、親が自分から自発的に片づけたいと思うようにしなければなりません。

［いきなり財産系を持ち出すNGワード］

「通帳はどこ?」「権利書はどこ?」
「貴重品はちゃんとしまっておいてくれないと困るんだよね」

財産は確かに重要ですが、たまに顔を見せた子どもからいきなりお金の話をされたらどうでしょうか。この子は私のことじゃなくて、財産が心配で帰省しているのね、と悲しくなってしまいます。特に、どこから手をつけたらいいかわからない男性がついつい言ってしまいがちなので、注意が必要です。

親はお金のことよりも、お金のことを持ち出してきた子どもを通して、自分が老い先短いことをセンシティブに感じ取り、ますます片づけをしなくなります。嫌なこと、見たくないことから無意識に目をそらすのは、いくつになっても同じなのです。

お金の話は、親子だからといっても決して侮ってはいけません。尋ねるのは、片づけをしながら、さりげなく、が基本です。

第3章の実践編では、それぞれのエリア別に片づけがサクサク進むOKワード、言ってはいけないNGワード例をご紹介しているので、そちらも参考にしてみてください。

ポイント5 買ってはいけない！ 実家の片づけを失敗させる「三種の神器」

さあ、実家の片づけをはじめよう！

そう思ったときについ、物に走ってしまうタイプの人がいます。片づけに限らず、何かをはじめるときに形から入ってしまう人に多いようです。

ごみ袋（不要なものを入れる）、ゴム手袋や軍手（庭掃除等）などのものなら大いに結構なのですが、実家の片づけをはじめるときに絶対買ってはいけないものがあります。邪魔（じゃま）になるのはもちろん、この「三種の神器」があるだけで、片づけが失敗に終わる要因になるという、とっても迷惑なものです。

①組立式収納ボックス

片づけられない人、片づけ本を山のように持っている人、形から入る人が最も買ってしまうものが、この収納ボックスです。**中でも最悪なのが、組み立て式のもの。**特にもともと片づけが苦手な人は、買えば収納が解決すると思って買ってしまうのですが、そもそもそういうタイプの人にとっては組み立てること自体が難しく、買いっぱなしになってしまうのがオチ。届いてから軽く5年、10年は経っているだろう組立式収納ボックスが、ほこりをかぶったまま、箱からも出されず（ひどいときは、開封した形跡すらない）そのままになっている光景を、私は何度片づけの現場で見たかわかりません。大きな本棚から洗濯機の横に置く簡単なラック、果ては、すき間収納に使おうと思ったのか突っ張り棒の類まで、本当にあらゆるものが「買ったまま」置かれています。

どうしても収納場所が必要なら、今まで使っていた家具を工夫して使う、片づけがすべて終了して、**物が減ったときに適切なサイズのものを購入する**ようにしてください。片づけ前の状態で収納ボックスを買ってしまうと、間違いなくスペースが余ってしまいます。すると、そこを埋めようとまた物が増えてしまう……これでは本末転倒ですよね。

②最新機器

男性にときどき見られるのですが、いちばん最初にそろえたがるのがこの類のものです。普段なかなか親孝行できていないという後ろめたい気持ちからか、最新機器を「買い与える」ことで、自分はちゃんと親のことを考えているんだという言い訳を自分にしているパターンです。

親自身も新しいものに目がなく、家電をきちんと使いこなせているのならまだしも、DVDの録画も携帯電話も使いこなせない親に、いまさら**最新機器を押しつけるのは子どもの自己満足**です。

また、片づけの現場でよく遭遇（そうぐう）するのが、部屋の片隅で、それも新聞や雑誌の下で冬眠状態になっているロボット型の掃除機。床に置かれた障害物にぶつかり、動けず、そのまま放置されているパターンです。悲しいかな箱から出してもらえてもいないものまで見かけます。聞けば、うれしそうに「息子（娘）が送ってくれた」「母の日にもらった」と答えてくれるのですが……。

どれもこれも安いものではありません。せっかく高いお金を出して買っても、使われなければないものと同じどころか、つまずいて転び、ケガの原因にもなりかねません。

③多機能防災グッズ

3・11以降、防災グッズをそろえるお宅が増えました。それはとてもいいことだと思います。子ども世代にとってみれば、ひとつのものにあれもこれも機能がついているものは便利かもしれません。しかし、最新機器同様、それを使いこなせない親世代のいかに多いことか。「手回し乾電池充電&携帯充電&ライト&ラジオ&スピーカー&目覚まし時計がついてます」――と言われても、いざとなったら使い方がわからない。「折り畳み式ヘルメット」――確かに場所もとらず便利そうですが、開くのに力がいります。

そもそも、セット売りの防災リュックは、親がいざというときに背負って逃げられる重さでしょうか?

親の安全や健康を考えるのなら、**多機能防災グッズをあれこれ買いそろえることよりも、実家をもしものときに備えて片づけ、安全な場所にしておくことのほうが10倍、いや100倍大切**です。さらに粗大ごみとして処分するのもお金がかかります。百害あって一利なしですね。

「買わない防災」は子ども世代にとってもお財布の心配がなく安心です。

子どもも主体の効果的なレイアウトを親に強要しない

「無くて七癖（くせ）」ということわざがあります。癖がないように見える人でも、何かしらの癖は持っているという意味のものですが、実家は小さな癖の展示場のようなものです。

たとえば、歯磨き用のコップを洗面台の右側に置いている親に、蛇口（じゃぐち）から近いという理由で左に置いてと命令したらどうでしょうか。

親は左手にタオル、右手にコップを持つ生活を半世紀以上にわたって繰り返してきたのですから、もはや習慣を通り越して癖のようなものです。今さら変えるなんて至難（しなん）の業（わざ）。そもそも、体格も違うのですから、**子どもの「使いやすい」が親の「使いやすい」と同じとは限りません**。

一方で、これまで普通に出し入れできていた高いところ低いところの棚（たな）にしまうことが困難になってしまうケースもあります。つい「またこんなところに出しっぱなしにして！」と言ってしまいそうな場面ですが、これは、もしかしたら高くてしまいにくいのかな、腰が痛くてかがむのも億劫になってきたのかも、と気づいてあげるチャンスでもあります。

実家を片づける際には、**ときどき、親の生活を観察しながら、少しずつ修正していく**ことも大切です。

また、子ども世代の好む効率的な「動線」を親に強要するのも避けたいもの。

たとえば、キッチンでは母親が長年体に覚えさせてきた動線というものがあります。作業効率だけを考えると、よく使うフライパンや鍋はコンロの近くにしまい、普段使わないキッチン用品は奥の方に収納するのがいちばんいいかもしれません。しかし、実家の片づけでは必ずしもこれが正解ではありません。

使い勝手がいいからと、コンロの横に「フライパンや鍋を置く場所」を作ったところで、後ろの棚にしまう癖がある親にとってはそこがいちばん使い勝手のいい場所です。子どもがよかれと思って後ろの棚にすでに別のものを置いてしまった場合、親はその前に、いつものように鍋やフライパンを置いてしまいます。結果、二重駐車のようになって、台所はパニック状態に。

台所は火や高温の油を扱う危険な場所でもあります。いつものつもりでとった行動が些細（ささい）な引き金になり、大きなケガや事故に結びつかないとも限らないのです。

ポイント 7

いざというときにも役立つライフメモを作る

私がセミナーで使っているものに、「ライフメモ」というものがあります。ライフメモとは、簡単にいうと**親の人生を「見える化」したもの**。一見、年表のようにも見えますが、大きく違うのは、仕事や引っ越し、結婚、趣味をはじめた時期を書いていくと同時に、そのときどきの家の広さや同居する家族の数も記していくことです。

そうすることで、家族の数は減っているのに、家の広さと物の量は7人家族のままだった、などの変化を親子で実感することができます。

これは、私自身の「実家の片づけ」ではじめたものです。

実は数年前に母がひとり暮らしになった頃、実家を処分して施設に入ってもらうことを視野に入れて、実家の片づけをはじめました。

そのとき、母親のこれまでの人生を語ってもらい、就職、結婚、転勤などの出来事と、そのときどきの家族の人数の変遷（へんせん）を年を追ってメモしたものが、ライフメモです。そこには、祖母と両親、私と弟の5人で過ごしていた頃をピークに、同居する家族がどんどん減っていったことが記されていきました。それを目にした母が、「今は1人分ずつあれば十分ね」と言って5組ずつあった食器を、自分から1組ずつに減らしていったのです。さらに、私の家族と弟の家族の合計人数分あった布団を、「同じ日に泊まりに来ることは10年以上なかったから」と言って、3組処分しました。

また、母と一緒にライフメモを書き進めるうちに私の中でも変化が生まれました。実家は35年前、地元企業が行った理想の家を描くコンテストに入賞した母が、その間取りを実現した家だったのです。私も母もライフメモを書くまでは、すっかり忘れていたことでした。母がいかに家に思い入れがあるかを知った私は、施設に入ってもらおうという考えを捨て、可能な限りこの家で過ごしてもらいたいと思ったのです。

このようにライフメモを作ることのメリットはたくさんあります。

まず、先に述べた私の例のように**「片づけと会話の両方が進む」**こと。改めて、何が大切なのか、何が思い出なのかを聞かなくても、会話の中で、親にとって何を片づけていいのか、何を残しておけばいいのかがおのずと明確になります。

次に、**「貴重品や思い出の品がわかる」**こと。これは、後々親が亡くなったときの遺産相続や形見分けのときに役立ちます。ガラクタに見えたものが意外に貴重品だったり、親も忘れていた貯金や積立などが判明することもあります。

最後に、実はこれがライフメモの裏ミッションなのですが、**「ケアを受けるときに役立つ」**。万一、親が介護を受けることになった場合、ライフメモがあればヘルパーさんなどの第三者に、親にとって何が大事か、何を大切にしたいかを知らせることができます。初対面の介護士さんやヘルパーさんが、高齢者と会話をするときにいちばん困るのが、その人の趣味や成育歴＝バックグラウンドがわからないことだと言います。そんなときに、ライフメモさえあれば、会話の糸口となり、介護の質も上がります。

ライフメモは親自身が書いてもいいし、子どもが聞きながら書いても構いません。片づけをはじめる前にいきなり「ライフメモを書こう」と言っても、親のほうが驚いてしまいますので、片づけがある程度進んでから「ライフメモっていうのがあるんだけど、一緒に書いてみない？」と声をかけてみるのもいいでしょう。親自身が片づける気満々という場合は、片づけをはじめる前にライフメモを書いておくことで、最初から捨てるもの、残すものが明確になります。

私がセミナーでライフメモをご紹介する際は、キーワードだけ記せば大丈夫ですよとアドバイスしますが、人間とは不思議なもので、すき間や空間があると埋めたくなるようです。思った以上にみなさん、びっしりと書き込んでくださいます。特に男親は自ら喜んでたくさん書いてくれるようですし、逆に女性は子どもといろいろ話せるのが楽しいようです。

数年前からエンディングノートというのが出てきましたが、**このライフメモはエンディングノートの一歩手前**、というイメージです。エンディングノートを親に勧めるのには抵抗がある（親のほうもいやな顔をするかも知れません）子どもでも、ライフメモなら気軽に書けるとのことでした。**実家の片づけとは、親の人生と向き合うこと**。その意味でも、ライフメモは大いに活用してもらいたいアイテムです。

巻末に私が使っているライフメモをご用意しましたので左ページを参考に、作ってみてはいかがでしょうか。

ライフメモの書き方

西暦に加え、親世代になじみの深い和暦も記入

世の中のニュースなどを一緒に記入することで、自分の変化も思い出しやすくなる

親個人のことはもちろん、家族の行事や思い出も記入していく

特に思い出深い出来事やその出来事に関連した物などの変化（もらった、あげたなど）を記入

西暦	和暦	歳	社会の出来事・流行	思い出・行事	家族の人数	居住人数	部屋の広さ	大切なモノ・コト	夫or妻の年齢	第一子 長男	第二子 長女	第三子 次男
1934	S 9.8.13	0		横浜 自宅で生まれる	10	10		姉に子守り、9人きょうだいの末子				
			〜	母が小さい頃亡くなり 一番上の姉にかわいがってもらった		〜		着物、帯、指輪をもらう				
1957	S32.3	23	5000円札ができた	東京へ 嫁入り 義父母と同居	5	10	2部屋	サイドボード、食卓、皿	24			
1958	38.8	24	長島巨人へ入団	長男誕生 従業員が増えた	6	11	〃	テレビ購入、みんなで見る 男の子が生まれてうれしかった。	26	0		
1960	35.10	26	ダッコちゃんブーム	長女誕生	6	12	〃	ひな人形 女の子が生まれてうれしかった	28	2	0	
1965	40.3	31		次男誕生	7	5	6部屋	男の子誕生 家を改築 かるごと購入	30	7	5	0
1980	55.4	46	（次男がファン） 聖子ちゃんブーム	お父さん転職 琴を習い始める	6	4	〃	子ども2人が自立 のんびり 琴を弾くのが楽しくなった	32	22	20	15
2002	14.10	68	きんさんぎんさん	お父さん亡くなる	5	1	〃	一人暮らし、2階に物が増える	70	44	42	37
2007	19.6	73		長女、孫と同居 姉が亡くなる	11	3	〃	孫と同居でうれしい、テレビ買替 にぎやかになった 物が増える		50	48	45
2014	26.4	80	現在	孫が大学入学 家族で箱根へ	11	3	〃	長男夫妻と旅行して楽しかった。服がふえた。 入院		56	54	49
2020		86	東京オリンピック	オリンピックを生で見る				孫とオリンピックを応援		62	60	55
								琴は娘にもらってほしい				

親の年齢を記入

家族の人数の変化、同居している人数の変化、家の変化を見える化する。この変化が親の意識を変えるきっかけになる

本人以外の家族の年齢を書く

未来の予定を書くことで、毎日に生きがいを持つケースも

第1章まとめ

「実家の片づけ」を成功させる7つのポイントはこれ！

1 「実家の片づけ」のゴールは、きれいな家ではなく親が安心・安全・健康に暮らせる家

2 「ウチの親だけは大丈夫」という幻想は持たない

3 「させる」「あげる」をまず捨てよう

4 NGワードを使っただけで実家の片づけが2倍になると覚悟しよう

5 組立式収納ボックス、最新機器、多機能防災グッズは買ってはいけない

6 子ども主体の効果的なレイアウトを親に強要しない

7 いざというときにも役立つライフメモを作る

第2章

「実家の片づけ」の成功ははじめる前に8割決まる

計画・準備

さあ、いよいよ実際に「実家の片づけ」をどう行えばいいのか、具体的にご紹介したいと思います。本章では、実家の片づけを最速・最効率的に行うための計画&準備のやりかたをポイント形式でまとめています。実は「実家の片づけ」はこの部分が8割だといっても過言ではないほど重要なものです。

「実家の片づけ」を最短ルートにするために必要な5つの計画

いよいよ本章からが「実家の片づけ」の本番です。

まずは、はじめに、でもお伝えしたP（Plan）、計画からスタートしていきます。

実のところ、**実家の片づけは現場（実家）が2割、事前に行う準備が8割だというのが、数々の現場を見てきた私の持論**です。

第1章でお話ししたとおり、実家の片づけのゴールは「親が安心・安全・健康に暮らせる家」です。そのために必要なのは、今現在の実家の現状を把握し、効率的、かつ最短ルートでゴールにたどり着くための計画を立てることです。

前回実家に帰ったときの記憶をさかのぼったり、親に電話をかけて現状をリサーチ（さりげなく聞き出すことも大事です）したりすれば、おのずと片づけの全体像が見えてきます。

本項では、そのために必要な5つのことをご紹介していきます。

親に電話をしてやることリストを埋めておく

電話を通して片づけのポイントはもちろん、親の健康状態、最近の行動範囲を推測していきます。これを聞き出しておくだけで、実家の片づけを行ううえでの心構えができます。

①日常生活の変化をチェック

質問例）

□買ってきてほしいものある？

⬇親が最近何がほしいのか、どんなことに興味を持っているのかをさりげなく知るための質問です。会話がはずみやすいフレーズなので、男性にもおすすめです。

片づけには直接関係ないものですが、会話の中から、さりげなく年を取ったことでなかなか買いにいけないもの、生活上困っているものを聞き出すきっかけがつかめます。たとえば、親が話の流れで「最近テレビの通販で○○を買って便利なの」と答えた場合、ほかにも通販グッズを買いだめしている可能性があるので、帰省時に観察しておきましょう。

□衣替えはしたの？　涼しくなったけど、布団はどうしてる？

➡特に衣替えの時期は季節の変わり目で、親は体調をくずしやすくなっています。納戸や押し入れから出すのが面倒で、服を新しく買っているケースや、腰痛やひざ痛で布団の上げ下げがつらく、敷きっぱなしになっている可能性もあります。

②置きっぱなしになっている、使っていない物のチェック

質問例）

□廊下に置いてあった段ボールの中身は何？

➡重いから運べずに置きっぱなしになっているのか（使うものなら開封する）、それともいらないから置きっぱなしなのか（処分できる）、忘れてしまっているのか（思い出すきっかけになる）、片づけないでいる理由を聞きましょう。

□あそこのタンスって何が入っているんだっけ？

➡使っていなかったり、何をしまっているか答えられなくて、親が処分してもいいというはっきりした意思がある場合は、優先的に処分できる物になります。

□2階のあの部屋、最近使っているの？

➡部屋を使っているかいないかを知ると同時に、2階に上がる階段を頻繁に使っているか使っていないかで足腰が弱っていないかを確認できます。

③命、健康にかかわることをチェック

質問例）

□病院はいつ行ってるんだっけ？　薬を入れる引き出しはどこだっけ？

➡通院の状況や、親が普段飲んでいる薬を把握することはもちろん、最近薬の種類が増えていないかを知る意味でも重要です。

□何か食べたいものある？　あれば買っていくよ

➡食生活の変化がないか。特に最近は、「新型栄養失調」というものが高齢者の間で増えているそうです。肉を食べない、卵はコレステロールが高くなる、などの理由で極端な粗食(そしょく)に走る人が増えているのが影響しているといいます。食生活の変化はそのまま体調の変化に直結するので、意識して聞くようにしたいものです。

④親の友人、近所付き合いのチェック

質問例)

□最近、趣味のコーラスには行っているの?

□親戚の〇〇おばさん、どうしてる?

⬇健康状態や気持ちの状態は、日ごろのお付き合いの変化にでることがあります。付き合いが減っていれば、体の調子がどうなのか、もう一度聞いてみましょう。親も比較的話しやすい項目です。

①~④は、一見、片づけとは関係ないように思えますが、これを聞いておくと、次のステップでご紹介する「小さな目標」がピンポイントで明確になります。実家に帰ってから時間を無駄に使わないためにも、**面倒臭がらずに必ずこのステップは行うようにしてください**。

事前に電話で聞くことリスト

☑ 日常生活の変化は？

☑ 置きっぱなしの物の中身

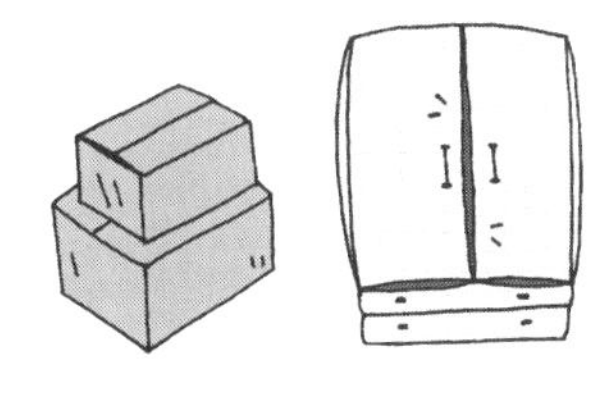

☑ 健康にかかわるもの

☑ 人間関係の変化

計画2

電話での聞き取りを元に、小さなゴール設定&やることリストを作成

片づけをはじめると必ず、「なんでこんなところにこんなものが!」という事態にぶつかります。そう、実家は意外なものと驚きの連続です。自分の常識を当てはめて片づけはじめると、壁にぶつかるたびに、作業がストップ。「1日かかってたったこれだけ?」と、時間とともにやる気も消失してしまいます。

そうならないためにも、**決して最初から全部片づけることをゴールにしない**ことが大切。まずは、空間単位(部屋、エリア)、行動単位(トイレまでの動線、台所の動線など)の軸を意識して、どこから片づけはじめるのがいいかを推測します。

コツは、小さい目標を小さなゴールに結びつけること。例えば――

「小さな目標」廊下の物をなくす。段ボールはあけて、中身を分類する

➡

［小さなゴール］何も物が置いていない、安全な廊下にする

［小さな目標］リビングの床や椅子の上の物をしまう、古雑誌&新聞は捨てる

［小さい目標］棚の中の整理。薬の置き場所を決める

⬆

［小さなゴール］リビングに友達や親戚を呼んで食事ができるようにする

［小さな目標］キッチンシンクの下の使わないものを捨てる

［小さな目標］ストック食品の収納場所を固定。賞味期限切れのものを捨てる

⬆

［小さなゴール］キッチンで大人2人がラクラク動ける空間にする。一緒に料理をする

などのように、**最終的な「実家を片づける」という大きなゴールを細分化していくことで、モチベーションの維持にもつながります。**

計画3 ごみ収集日は必ず電話で確認する

これは意外に忘れがちなのですが、**実家がある自治体のごみ収集日のチェックは、自宅にいる間に必ずしておきましょう**。

ごみ出し日から逆算して片づける目標、スケジュールを立てていきます。たかがごみ出し日とあなどるなかれ。実は、ごみ出しはスケジュール管理、ごみをまとめる、分別する、ごみ運びをするなど、高度な要素がたくさん積み重なっています。大きくなればなるほど、1人では運べないものも出てきます。大きな物を片づける日は、人の確保も必要ですし、身内に頼めないようであれば、業者の手配も必要になってくるのです。

実は、実家に物が増えていく要素のひとつに、「親がごみを捨てるのが面倒になってくる」というものがあります。結果、ごみが家の中に溜まってしまうことも。

また、せっかく片づけても、ごみ収集の日とスケジュールが合っていないと、あなたが帰ったあとにごみ袋が残ってしまうことになります。一度決心して捨てたものなのに、ごみ袋が目につく場所にあると、開けてしまって部屋に戻す親もいます。これもリバウンドの原因です。

ついつい便利だからとインターネットを使って調べてしまう方もいますが、これも注意が必要。確かに、24時間いつでも好きなときに調べられるインターネットは便利ですが、自治体によっては何ページにもわたり、どこに必要な情報が載っているのか調べるだけで時間がかかります。金属とプラスティックと紙が混ざっているアルバムは何ごみになるのかなど、**聞きたいことがあったら、電話をして直接聞いてみるのが手っ取り早いでしょう**。なかには、ごみを自家用車で持ち込みできる自治体もあります。電話ならあらかじめ、すいている時間帯等の問い合わせもできるので、時間がないときには便利です。

計画4 不用品回収業者、庭師などの下調べを済ませる

自治体のごみ出しの日が、帰省する日とどうしても合わない場合や、ごみが大量に出るとわかっている場合は、不要品回収業者に依頼するのもひとつの方法です。目安的に、軽トラック1台で1万5000円〜2万円程度のところが主流のようです。ごみ袋1袋あたりいくらというところもあります。**細かい分別もしなくていいし、土日でも融通がきくので忙しい人にはおすすめ**です。

庭がある家は、庭師の手配をしておくのもいいでしょう。庭の木がお隣さんの塀の向こうへ飛び出してはいませんか？　防災防犯の視点からも、手入れの行き届いていない庭に、この機会に手を入れてみてはいかがでしょうか。これまで自分でなんとかやっていた親世代も、夏場は熱中症や、高い脚立に登って思わぬケガをすることも心配です。**信頼できる庭師さんが見つかれば、その後は親が直接頼むこともできるので安心ですね。**

計画5 片づけ道具は必ず持参する心構えで

片づけに最低限必要な軍手（ぐんて）、マスク、ガムテープ、ビニールひもなどはできるだけ自宅付近で買っておくようにしましょう。荷物になるようであれば、事前に送っておくぐらいの気持ちで挑んでください。お金はかかりますが、忙しいなか実家に帰って、あれが足りないこれがないと買い物に走る時間を考えれば決して高いものではありません。特に少し郊外にあるような大きなモールや、普段行き慣れていないスーパーなどでは、どこに何があるか勝手がわからず思わぬ時間がかかります。また、あれも必要かも、あれもあったらいいなと、ムダな買い物までしてしまっては、片づけに行ったのか物を増やしにいったのかわかりません。

ただし、**ごみ袋は自治体によって決まっているところもありますので、そういう地域では事前に親に用意してもらう**ようにしてください。

「実家の片づけ」を効率的に行うための3つの準備

さて、ようやく片づけるべき実家に到着しました。

用具もそろえ、小さな目標、小さなゴールも設定済み、いざ片づけへ！

とはやる気持ちを抑え、まずは実家についたら全体を俯瞰（ふかん）することからはじめます。

ここでもし、電話ではこう聞いていたけど、実はこうだった、台所からはじめようと思っていたけど、一見してこれは廊下や階段から片づけたほうがいいかもしれない――そう思ったら、この段階で計画の修正を行っていきます。

次からの3つの準備、［観察］→［一時保管箱の置き場所を作る］→［収集日までのごみの置き場所の確保］を行うことで、ムダを省き、片づけを最速化していきます。

準備1

最寄駅（バス停）から家まで&室内を観察する

まず最初は観察することからはじめます。つい、「なんでこんなところに置くの！」「電話では○○って言ってたのに」「だからお母さんは！」と言いたい気持ちになりますが、ここはぐっと我慢。**ここで行うのは、チェックではなく、あくまで観察です。**次の①〜③の順番で、実家全体を冷静に観察していきます。

①実家の外周りの観察

庭や外玄関の周りはもちろん、ここでは実家の最寄り駅から実家までの街並み、隣近所の変化も観察する必要があります。

以前、私は時間がもったいないからという理由で、いつも最寄りの駅から実家まではタクシーを使っていました。それがある日、駅についたときにちょうどタイミングよく来たバスに乗り、実家近くのバス停で降りたったところ、驚くべき光景を目の当たりにしました。母がいつも利用していたバス停前のスーパーが閉店していたのです。敷地には立ち入り禁止のロープが張られ、雑草が生い茂り閑散としていました。かつて私が住んでいたときは「夜遅くまで営業しているので、地元の高校生がたむろする」という苦情が出るほど近所ではにぎわっていた場所だったのに……。そういえば、ずいぶん前に母が電話で「スーパーが閉店するので町内会ごと反対している」と言っていたことを思い出しました。

ひとり暮らしなのに大きな冷蔵庫に買い替えてびっくりしたことは、はじめに、でお話ししましたが、親には親なりの不安があったのです。

病院の閉鎖、バス停の路線変更、ごみの分別法……実家周りの変化、地域の変化は親の生活に直結する大問題です。それらの変化をまず観察することで、片づけ方、言い方も変わってきます。

②玄関から各部屋までの動線を観察

まず、実家にただいまと帰ったら、いつもはさほど気にしていない動線を意識して歩くようにしてみましょう。その際、主に注意したいのは**「段ボール」「レジ袋」「バッグや上着類」の3つ**です。

動線（主に廊下）に段ボールやレジ袋が散らかっていたら、あらゆる面で危険信号です。以前帰省したときより増えていると感じたら、赤色信号。テレビの通販番組やカタログ注文で買ったものが、届けられたままで玄関や廊下に置きっぱなしになっている場合、すぐにでも片づけないとますます浪費に走ります。少し乱暴な言い方になりますが、**目につく場所にある段ボールやレジ袋はゴキブリと同じ。ひとつあれば、家のあちこちに潜んでいるのがお約束**です。徹底的に退治する気持ちが必要です。同様に買い物から帰って置きっぱなしになっているバッグや上着にも注意しなければなりません。もともと、片づけが得意な人は、使ったものを元に戻すのが得意な人です。それが高齢になり、外出から戻ったときにすぐに物を元の場所に戻せなくなっているようなら、体力の低下も心配です。

また、少し意地が悪いように聞こえるかもしれませんが、事前準備で行った電話での聞き取りに齟齬（そご）がないか、掃除がきちんとされているかもさりげなく観察しておきましょう。

③親が寝ている枕元を観察

年を重ねると、寝室にいる時間が長くなり、ついつい枕元の手の届く場所にいろんなものを置きがちになります。余計なものがありすぎて、くつろげないスペースになっていないかを観察してみましょう。

まず、地震などの災害があったときに、とっさにケガなく逃げ出せる状態になっているかどうかを確認してください。また、**枕元は、意外に普段の親の生活がすけて見える場所**です。本を読んでいるのか、テレビを見ながらうたた寝をしていないか、寝る前に飲んでいる薬はあるのかなどを確認してみましょう。さらに、**寝ているときにどんな光景が目に入っているのかも観察しておく**必要があります。これは私自身、あるご高齢の女性のお宅を片づけていた際に実感したことでした。

その女性の寝室は、寝転がっているときの視線の先に、古いタンスから着ていない服が飛び出して積み重なっている状態でした。聞いてみると、10年間もそのままだったとのこと。タンスの引き出しを一度出したら、古さと湿気を吸っていたせいか元に戻せなくなり、そのまま服を積み重ねてしまったとのことでした。そこに積み上げられていた服はほとんど着ない服です。その方は、10年間もの間、ベッドからその光景を目にしていたことになります。高齢になると、ベッドで過ごす時間が増えてくるので、その姿勢で見えている景色が心地いいものか、そうでないかで精神的に安らぐ時間の量が変わってきます。そこで、私はタンスを納戸に移し、積み重ねられた洋服は「3の法則」（次章でご説明します）で着る服だけを残していきました。そして、タンスがあった場所に女性が大好きな美空ひばりさんのカレンダーを飾ったところ、「目を開けたらひばりさんが見える！」ととても喜んでくださいました。

危険なタンスがなくなったことで、防災面でも安心して暮らせる家になったとお子さんたちからも感謝の言葉をいただきました。

以上の3つは必ず観察してみる必要があります。

その際、写真を撮っておくこともおすすめしています。いわゆる、ビフォアー写真。今後の記録のためにというのもありますが、**片づいた後に比較してみると、その変化がとてもわかりやすく親のやる気もアップ、リバウンド防止にもつながります。**

一時保管箱の置き場所を確保する

一時保管箱とは、捨てるか捨てないかを3秒以上迷ったときに入れる「一時的に保管しておく箱」のことです。**いるかいらないか3秒以上迷った場合は、この一時保管箱にいったん保管しておきます**。3秒というのは「短い時間」という意味で、あくまでも目安です。最初は判断に迷い、30秒や1分近くもかかっていた人が、要領がつかめるようになると「1、2、3、一時保管!」という感じで、判断できるようになります。最初から無理をする必要はありません。ケースはプラスチックの衣装ケースでも段ボールでも、ごみ袋でも構いません。ただし、必ずわかるところに「一時保管箱」と半年後の日付を書いておきましょう。

この一時保管箱は、半年間開けることがなければ使わない物。そのまま開けずに処分することができます。ただし、半年が過ぎても親がどうしても残したいというのであれば、無理に捨てる必要はないし、逆にもういらないといえば、半年を待たずに処分してもかまいません。年末に帰省して片づけたときにできた一時保管箱を、次のお盆休みの帰省時に、子どもが処分するという使い方もできます。

私のセミナーでも、この「一時保管箱」の重要性は何度となく説明します。親でなくても、捨てるのは決断と勇気がいります。「もしかしたら今後使うかもしれない物」「まだまだ使える物」を捨てるのは少なからず罪悪感を抱きます。その**罪悪感をなくしてくれるのがこの一時保管箱の役目**でもあります。

あくまで「保管」なので、親自身も安心します。そもそも、片づけができない人は、物の優先順位を付けるのが苦手なことが多いもの。だから、いくら時間をかけて悩んでも、結局すべて「大事」となってしまうのです。一時保管箱なら、無理に優先順位をつける必要がありません。「とりあえずとっておく」という逃げ道ですから、捨てなくていいという安心感から片づけもどんどん進みます。ある意味、実家の片づけにおいていちばん重要な役割を担うのがこの一時保管箱です。しかし、置き場所を確保することを忘れて片づけはじめると、必ず「これどこに置くの？」問題にぶつかります。

まず、一時保管箱の置き場所を探す際には次の3つに気を付けましょう。

①危険性がない
②親の目に触れない
③親には「きちんと捨てずにここに保管してある」とアピールできる

いちばんのおすすめは、物置や納戸など、あまり親の目に触れない場所。せっかく子どもが片づけても、時間が経ったときに親が「これ、何が入っているんだっけ？」と開けてしまうと、そのとたんにまた情が出て部屋に逆戻りするハメになります。

人は見えないものは忘れてしまうもの。あなたが子どものときに使っていて、現在は物置同然となっているような部屋があれば、そこを一時保管箱の置き場にするのもいいでしょう。

一時保管箱を作ろう

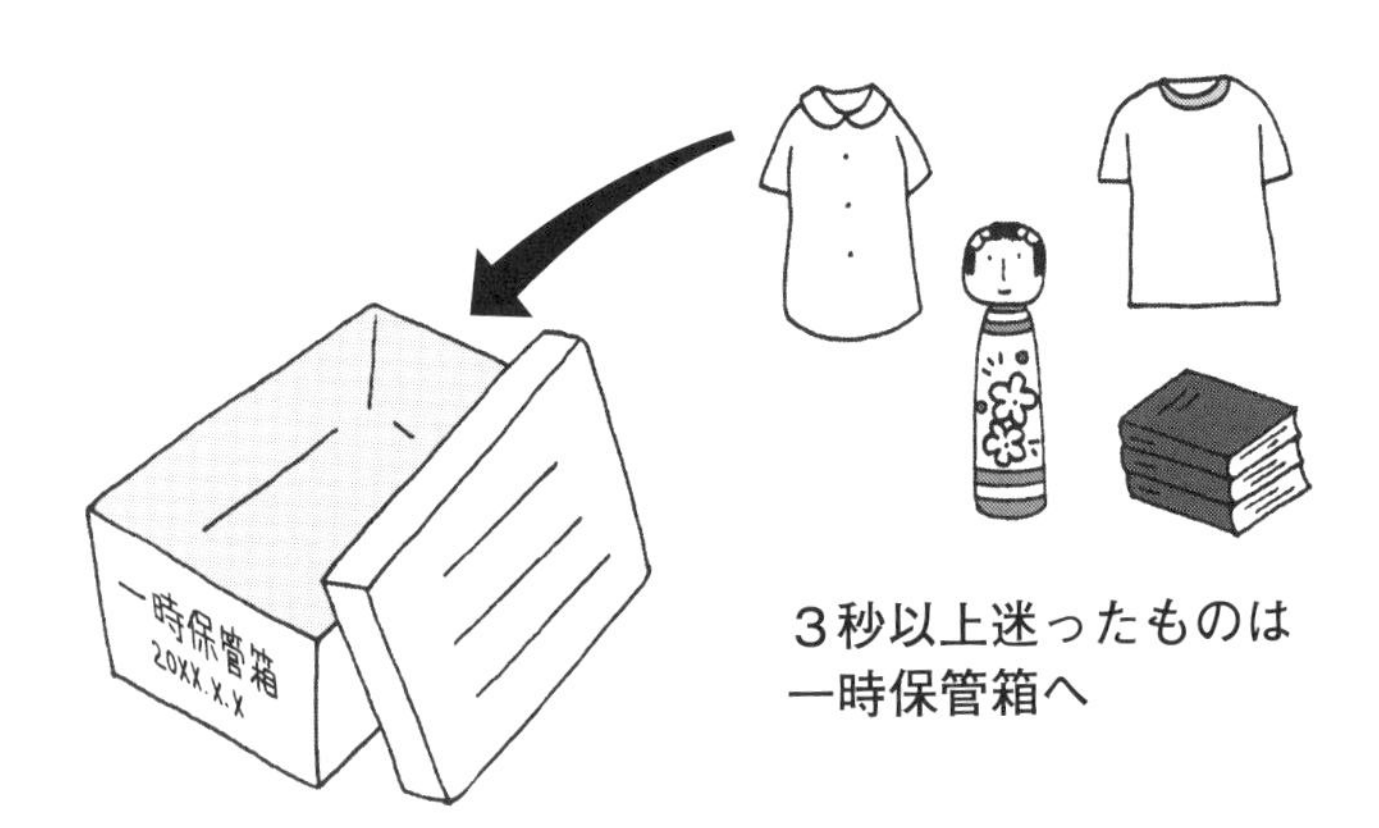

3秒以上迷ったものは
一時保管箱へ

準備
3

収集日まで保管する
ごみの置き場と動線確保

一時保管箱の置き場所と並んで重要なのが、片づけを行っているときにごみを保管しておく場所です。

こちらは一時保管箱とは違い、**なるべく目に付く場所に置いておくのがポイントです**。ついつい屋外や人の目につかない場所に置いてしまいがちですが、そうすると出すのを忘れて、半年後に帰省したら以前のまま置きっぱなし、ということにもなりかねません。防犯の上でも問題なので、特に実家の片づけの場合は必ず捨てるところまで終わらせることを念頭に置いておきましょう。

また、ごみの置き場所を確保したら、そこまでの動線もキレイにしておきます。ごみを運ぶときに転んでケガをしてしまったり、物をよけながらごみを運ぶのでは、危険かつ非効率的です。

実はごみの保管場所も、親のタイプによってはよく考える必要があります。

実際によくご相談を受けるのは、収集日まで保管したごみ袋を、子どもが帰ったあとに親が開けてしまって、捨てるはずだったものをまた部屋に戻してしまったというケースです。

子どもによっては、押し入れの中や自分の車の中など、親に内緒のごみ保管場所を作ったり、親に堂々と見せても安心なものだけ入れたダミーのごみ袋を作っている人までいます。少しのごみならそれでも対応できますが、家全体のごみとなると、そんなことは言ってはいられません。ごみ袋を開けてしまう親の大半は、片づけの最中は子どもにせかされて捨ててもいいと言ったものの、後から寂しくなって、やっぱり捨てるのがもったいないという気持ちになってしまうという人たちです。ごみの収集日までは親の目につかないところに保管するというのはもちろんですが、まずは、**「親がいいと許可したものしか捨てない」**ということを子ども世代が心得ておかなければいけません。そのために一時保管箱を活用するのです。

最初はすぐに捨てるか捨てないか、決められなくても仕方ありません。それでも親自身に判断してもらうことが大切です。親が決めたことを行うだけという信頼関係を作ることがいちばん大事です。この信頼関係さえ作ることができれば、片づけのスピードはどんどん速くなり、リバウンドの心配もなくなるのです。

第2章 まとめ

「実家の片づけ」の計画と準備

［計画］

1 親に電話をしてやることリストを埋めておく

2 小さな目標と小さなゴール設定&やることリストを作成する

3 帰省する前にごみの収集日を調べておく

4 不要品回収業者、庭師などをチェックしておく

5 片づけ道具は自分の家の付近で購入する

［準備］

1 最寄駅（バス停）から家までと室内を観察する

2 一時保管箱の置き場所を確保する

3 収集日まで保管するごみの置き場と動線の確保

第3章

最速・最短・最効率的・しかもリバウンドゼロ「実家の片づけ」いざ、実践!

実行

いよいよ、D(実行)です。ステップの順番に片づけていきましょう。ステップ(片づけの場所)は全部で14。親のハートから遠くて、ケンカになりにくく、しかも片づけの難易度が低い順になっていますから、片づけが得意じゃない人でも、まずは安心してステップの順に取り組んでみてください。それぞれに片づけがさくさく進むOKワード、言ってはいけないNGワードを記しておきましたので、ぜひ参考にしてみてくださいね。

最速・最短・最効率的を実現する実家の片づけ「3の法則」

エリア別の片づけをはじめる前に、絶対に覚えておいていただきたいのが、この、**実家の片づけ「3の法則」**です。これは子ども世代が実家を片づける場合のみならず、すべての片づけで使える便利なものです。

3の法則とは、すべてのものを次の3つにわけることで、片づけを最速・最短・最効率的にするというものです。

①使って活かす

基本的に、見える場所にしまうのは、使って活かすもの〝だけ〟です。本当に必要なものなので、一瞬で「いる！」と判断できます。

ただし注意しなければいけないのが、「使える」と「使う」、「食べられる」と「食べる」、「着られる」と「着る」はまったく違うということ。たとえば、10年間着ていなくて今着る予定のない服は「着ることができる服」です。将来も「着ない」ので、ここには分類しません。

②捨てて活かす

壊れた物、汚れた物、使えない物は迷わず捨てて活かしましょう。捨てるのに「捨てて活かす」と呼ぶのには理由があります。

まず、捨てた後にできた空間が活かせる。家賃に換算してみましょう。家賃12万円の3LDKでひと部屋分を物置として使っていた。おおざっぱに割り算をして計算すると、月3万円、年間36万円も浪費していることになるのです。

次に、資源ごみとして活かすという考え方。ごみと言いながらも、資源になるという大義名分がつくので、心が少し軽くなります。

捨てないけれど、本人以外のものとして活かす方法もあります。リサイクルやリユース、使えるものなら友人や近所の人にあげる、売る、ボランティア団体などに寄付するという方法があります。天袋に何十年も眠っている結婚式の引き出物などはこの機会に活かしてもらえる行き先を探してみましょう。

③一時保管箱に入れる

前章でもお伝えしたとおり、一時保管箱のメリットは、気持ちがラクになるということ以外にも**時間が短縮できるというメリット**があります。どんな方でも、毎日使っている物、本当に生活に必要な物はすぐに必要だと判断できます。しかし、片づけでいちばん時間がかかるのは、それ以外のグレーゾーンの物があるためです。部屋にある物が本当に必要かどうか、捨てるべきか捨てないでおくべきか、使うか使わないか、それを考える時間だけで1日過ぎてしまうなんて珍しいことではありません。

特にもったいない世代の親たちは、「捨てなくていい理由」を頭の中で一生懸命考えて探しています。なんといっても捨てることは「悪」と刷り込まれて生きているのですから。

その思いと、「捨てなくていい理由づけ」を考える時間をなくします。迷う気持ちを断ち切ることもできます。片づけには体力がいりますが、それ以上に頭を使うので、疲れるのです。**一時保管箱という「逃げ道」があれば、この迷う時間を短縮できる**うえに、疲れも最小限に抑えることができるのです。

ちなみに、この「一時保管箱」には意外な利点もあります。それは、親が亡くなった

物は「3の法則」を使って分類しよう

使って活かす

「大事な物」「移動する」など、書いたメモを付けておくと便利

捨てて活かす

ごみとして処分するもの、売る、人にあげるものはここに集めておく

一時保管箱

親が3秒以上迷ったものはとりあえず一時保管箱（段ボールやプラスティックケースなど）に保管する

後の遺品整理のとき。生前、思い入れのあまりないものをここに分類しているのですから、迷わず処分することができます。

遺品整理では、ひとつひとつのものを捨てる・捨てないと判断していかなければなりません。これは想像以上に心に負担をかけていきます。**その作業を減らしていく効果も、この生前の一時保管箱にはあります**。親が元気なうちに片づけをしてくれると、子ども世代の負担も少なくなり、本当にありがたいですね。

ズボラさんにも便利な「わく枠大作戦」を活用しよう

前述した3の法則が片づけを最速・最短・最効率的に行う方法なら、わく枠大作戦は、**リバウンドを防ぐ&片づけが下手な人でも「とりあえず上手」に見える方法**です。

どこのお宅にも必ずと言っていいほどあるのが、親が大事にとっておいてある空き箱やかご、コルクボード、プラスティックケースの類です。わく枠大作戦では、これらのケースが大活躍します。

もともと片づけることが苦手なのですから、きちんと並べて入れることを強要すると、親世代は途端に面倒臭くなります。結果リバウンドへ一直線……あなたの苦労も水の泡です。しかし、薬ケースや野菜ケースなどのように、〇〇ケースを作っておくと、たとえその中が雑に入れられていても、写真のフレームと同じで枠内に収まっていますから、見た目は散らかったように見えません。たとえば冷蔵庫の側面にペタペタと貼られたポイントカードや壁一面に画びょうで留められただけのたくさんの孫の写真も、コルクボードの枠内に収まるだけでスッキリ整います。きちんと並べることは億劫になっても、とりあえず、そのケースの中に放り込んだりピンで留めるだけで「きちんとした感じ」が演出できるのですから、便利です。そして、ケースやコルクボードごとにテーマがあるので、探し物があるときは、その中を探せばいいだけ、という利点もあります。

たとえば、急に体調が悪くなったときでも、お薬ケースの中を探せばいいだけですから、時間も短縮できますし、同じものをまた買ってしまうという経済的な損失も防げます。**万が一、地震などで避難しなければいけないときでも、必要なケースごと持って移動できます。**

このわく枠大作戦は、後述する健康に関する物の片づけやキッチンの片づけなどのステップで使えるスキルです。ぜひ覚えておきましょう。

「わく枠大作戦」を活用しよう

散らかった机の上も、わく枠大作戦を使うことで……

重ね貼りしがちな冷蔵庫の側面も……

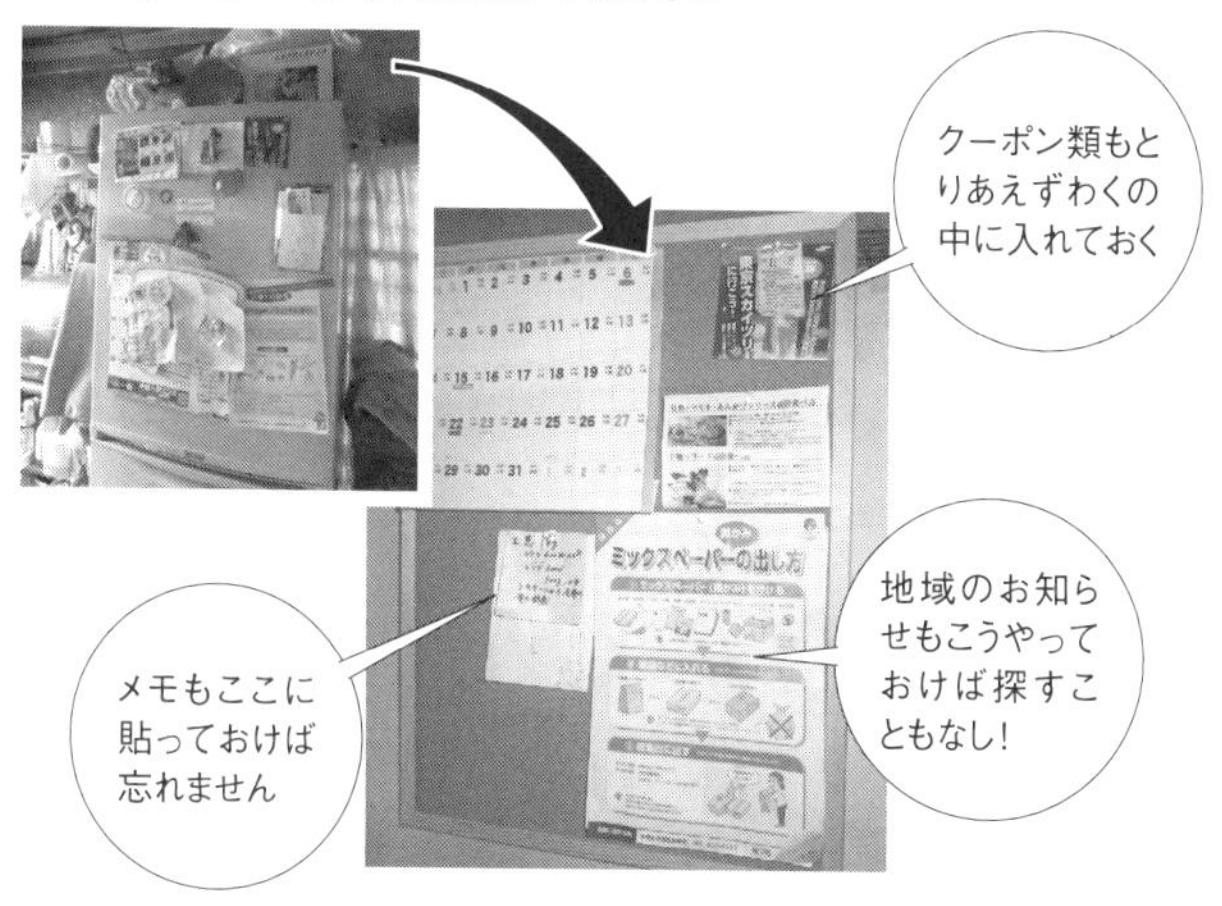

実家の片づけは好きなところからはじめると失敗します

「3の法則」「わく枠大作戦」をしっかり理解したうえで、各エリア別の手順通りに片づけを進めていきましょう。

渡部式では、まず最初に「親のハートから遠い場所」（思い入れの少ない場所）から片づけます。親世代は、他人に片づけてもらうことを、心の底から恥ずかしいことだと思っています。その気持ちを考慮したうえで、次項からのステップは、「親のハートから遠い」「他人が片づけしやすい」「片づけのスキルがなくてもできる」という順番に組み立ててあります。

実は、渡部式「実家の片づけ」は、普通の「片づけ」とは決定的に違うことがあります。それは、次にあげる**3つの「しない」を守る**ことです。その3つとは、

①収納テクニックに頼らない
②すべてのものを全部出さない
③押し入れ、納戸は片づけない

です。

まず、1つ目の「しない」は、収納テクニックに頼らないことです。意外に思う方が多いようですが、**実家の片づけは「技なし収納」が基本**です。しまい方よりも、手順通りに片づけていくのが成功への近道です。

2つ目の「しない」は、**すべてのものを全部出さない**、です。よくある自宅の片づけ本では、「すべてのものを一度外に出しましょう」と書かれています。たとえば、衣類の片づけならば、「クローゼットからいったん全部出して服を床に並べてから、選んでいきましょう」とあります。しかし、実家の片づけでは、基本的に棚やクローゼットなどから全部出すことはしません。**しまってあるものほど、親にとっては必要のないもの、つまり優先順位の低いもの**です。親は床に出ているものほどよく使っています。そのよく使っているもの＝**出しっぱなしになっているものを整えるのが最重要ミッション**です。

実家の片づけの最終目標は、はじめに、でも書いた通り、「親が安心・安全・健康に暮らせる家」です。

そもそも全部出すスペースが床にないから子どもたちが片づけたいと思っていることがほとんどなのです。**よくある片づけ本の知識はいったん捨てて、取り組む必要があります**。

最後の「しない」ことは、押し入れや納戸を片づけないことです。こちらも、意外だという人が大勢います。それと同時に、気がラクになった、という方もまた、大勢いらっしゃいます。なぜ、片づけなくていいのか。それは押し入れや納戸は、とりあえず「収まっている収納場所」だからです。特に親が何カ月、何年も足を踏み入れていなかったり、使った形跡が半年以上なければ、巨大な一時保管箱状態です。受講生さんのお宅や私が片づけにお伺いしたお宅の中には、２階まるごとが巨大な一時保管箱状態という方も少なくありません。

「親が安心・安全・健康に暮らせる家」がテーマですから、転倒の原因になりそうな床に置きっぱなしのもの、地震がおきたときに命の危険性があるもの、生活動線を妨げるものたちに比べれば、**押し入れや納戸の優先順位は、「圏外」です**。手抜きしていちばん難しそうな押し入れや納戸をカットしたわけではありませんので、ご安心ください。

もし、前章でご紹介した一時保管箱の保管場所がどうしてもないという場合は、押し入れや納戸の中にある10年以上は使っていない扇風機（せんぷうき）や絨毯（じゅうたん）、布団などの大物を、親に納得してもらったうえで、処分してスペースを確保しましょう。

注意しなければいけないのは、何年もあけていない納戸や押し入れに、先祖代々のゆかりの品や貴重品が埋もれている場合があること。いずれにしても、今の親の命を守るという意味で緊急度は低いので、まずは次ページからのステップを終了させたうえで、余裕があれば取りかかりましょう。何度も申し上げていますが、親も片づけを進めるうちに、慣れてきますし、判断も早くなります。ある意味、パンドラの箱のような押し入れや納戸は、いちばん最後に、子ども世代も親世代も片づけに慣れてから取り組むのが正解です。**「いきなり押し入れに手を付けて失敗する」。これは、初心者が最もやりがちなケース**です。気を付けましょう。

さあいよいよ、次ページからはエリアごとに片づけをはじめていきます。「どこから手をつけて何をしたらいいかわからない」という方でも、片づけが得意でない人でも、まずはステップの順番通りに取り組んでください。最初は完璧を求めず、計画の7割できれば上出来、5割できれば合格だと思って進めていきます。

草木の剪定、草むしり、玄関周りの片づけ

【手順】

①家の外側にある使わない物の撤去（乗らない自転車、枯れた植木鉢など）
②外玄関を整える
③草木の剪定、草むしり（玄関周り➡親の寝床から見える場所➡その他の場所の順番で）

最初に家の外側を片づける理由は3つあります。それは、**「親の同意を得やすい」「防犯対策になる」「家事の経験がなくてもできる」**からです。

特に家事経験の少ない男性には、庭木の剪定なら力仕事ですし、親と普段はあまり会話をしない人でももくもくと作業を進められる点でおすすめです。

また、小学生以上の子どもの手がある場合は、草むしりなどを手伝ってもらってもいいでしょう。**孫と一緒にできる作業は親も機嫌よく進めてくれます。**

片づける順番①はまず、家の外側です。家の周りを1周して、余計な物の片づけをはじめます。置かれたまま乗らなくなった自転車や、空気入れ、枯れた植木鉢、重くて使っていないスコップやじょうろなどは即撤去。もし、出しっぱなしのホースやほうきなどがあったら、3の法則に従い、分類していきます。

また実家がマンション等の場合は、同様の意識でベランダを片づけていきましょう。このとき、**植木鉢などで避難ばしごをふさいでいないか**も確認してください（意外によく目にするケースですので、注意が必要です）。

家の周りが終わったら手順②、外玄関に取り掛かります。玄関は家の顔です。窓枠や表札もきれいに拭いておきましょう。これをするだけで、**親の交友関係が広がったというお宅もある**ほどです。玄関は、その家の状態を表すものです。汚れた玄関では、あまり人が遊びにいきたいと思わなくなります。これから始まる本格的な片づけを明るくスタートするための儀式だと思い、気持ちを込めて片づけていきましょう。

最後の手順③は、草木の剪定や草むしりです。

庭木の剪定、草むしりは、親もすんなり子どもに任せてくれます。言い換えれば**いちばんケンカにならない場所**でもあります。

庭木が伸びるとご近所さんにも迷惑がかかり、防犯上もよくありません。案外見逃しがちだけど重要な場所なので気を付けてチェックしてみましょう。**家の周りがきれいになれば、内側も片づけていきたいというモチベーションがあがります**。

私が実際にお伺いしたお宅でも、息子さんが庭の草取りをしてくれただけで、気分が明るくなったとおっしゃっていた方がいました。

旦那(だんな)さんに先立たれたその方のお宅は、庭ですずらんを育てていたのですが、草むしりをしたおかげで、寝床からもすずらんが見通せるようになったのです。そのすずらんは、北海道出身のご両親にとっては思い出のお花だったとか。息子さんはそのときにはじめてご両親の新婚時代の話を聞いたと目を細めていらっしゃいました。草むしりのおかげで、忘れていた思い出の花が咲き、ふさぎがちだったお母様の心も開いたいい例として、今でもほほえましく思い出すエピソードです。

家の外側は、剪定業者にアウトソーシングしやすい場所でもあります。短時間で終わらせたい場合や自分ではできない力仕事の場合は、業者にお願いし、家の中の片づけと同時進行していくという方法もあります。

OKワード

□防犯上よくないから、自転車は片づけようか
□台風が来たときにしまいやすい、小さい鉢植えに変えようか
□木の枝を切るとさっぱりするよ

NGワード

□年なんだから、自転車なんて乗らないでしょ！
□こんなに重い植木鉢、もう持てないでしょ！
□伸び放題の枝じゃ、近所迷惑でしょ！

家の外側の片づけ

手順 **1** 家の外側の使わない物の撤去

手順 **2** 外玄関を整える

手順 **3** 草木の剪定・草むしり

子ども部屋（子ども時代に自分が使っていた部屋）の片づけ

【手順】
①床置きの物を3の法則でわける
②処分するものを親に見せる
③思い出の品をひとまとめにして、目につかないところに置いておく

室内でいちばん最初に手を付けたいのが子ども部屋です。**基本的にはほとんどが自分の物なので、迷わずに捨てる、捨てない、の判断ができる**はずです。

実は、実家の片づけをテーマに講演をしていると、必ずといっていいほど出てくる親から子どもへの苦情は、「実家に荷物を送りつけてくる」というものです。なかには、衣替えシーズンになると、服や靴などを大量に車で運び込む人もいます。人はよほどのことがない限り、段ボールに一度詰め込んだもの、目に見えないもの、部屋からなくなったものは、忘れてしまいます。**実家はお金のかからないトランクルームではありません**。実家を片づけると決めたのなら、子ども世代がまず自分の物から、という覚悟が必要です。

手順①では、床置きの物を3の法則で片づけていきます。あなた自身がまず、親に手本を示していきましょう。床の上には、積み重なった服、段ボールで送りつけたものなどがあるはずです。それらのものは、おそらくあなた自身がなくても困らないものです。すでに物としてのお役目は完了したも同然です。基本的にはいらないものですから、できるだけ処分する気持ちで取り組みましょう。

手順①が済んだら、手順②、処分するものをごみ袋につめて「こんなに捨てたよ」と親に見てもらいます。あなたが本気で自分の部屋を片づけている姿を見て、親も自然に「自分もやらなくちゃ」と思うようになります。間接的なようですが、ここで親のやる気を引き出しておけば、その後の片づけを最速で終わらせることができます。子ども部屋の片づけは、**あなた自身が渡部式の「実家の片づけ」に慣れ、親にも手本を見せると**

いう二重の効果を発揮します。

最後の手順③は、思い出の品を整理することです。

いざ片づけはじめると、まさにそこはタイムカプセル。昔の日記や友だちからの手紙、卒業アルバムや文集、当時付き合っていた人との写真などが出てきてニヤニヤ……これではミイラ取りがミイラになってしまいます。これらの「思い出グッズ」は一カ所にまとめておくのがポイントです。

まとめ終えたら、できるだけ目に触れない場所に置いておきます。ここで集めておいた思い出の品は、168ページのステップ14でまとめて整理していきます。

また、これは片づけの現場でよく目にするのですが、かつての子ども部屋は、日当たりがいちばんいい部屋だったりします。そして、子どもたちが巣立った後は例外なく物置部屋になっています。子どもたちが家に送りつけた段ボールは、開けられることなく、かつての子ども部屋に山積みされていきます。結果、**家の中でいちばんいい部屋が、物置になる**のです。もったいない以外の何ものでもありませんよね。

OKワード

□自分の部屋から片づけるね

□今まで大事に置いておいてくれたんだね、ありがとう

□物は少ないほうがいいから、減らしておくね

NGワード

□どうせ使わない部屋なんだからこれぐらい置かせてよ！

□実家のほうが広いんだから、（置いといて）当たりまえでしょ！

□とっておくぐらいなんでもないでしょ！

子ども部屋の片づけ

手順1 床置きの物を3の法則でわける

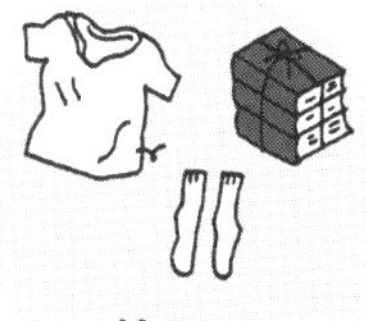

手順2 処分するものを親に見せる

手順3 思い出の品をひとまとめに

内玄関、廊下、トイレの周り、階段の片づけ

［手順］

①防災片づけの重要性を伝える
②内玄関⬇廊下⬇トイレの周り⬇階段の順に、置かれたものを3の法則で分類し、移動する
③装飾品を安全な場所に移動させる

ここは、実家の片づけのゴールである「親が安心・安全・健康に暮らせる家」と大きく関係してくる部分です。

まず、**手順①で親に防災片づけの重要性**を伝えます。

玄関や廊下、階段は物を置く場所ではなく、もしものときの避難経路だということを親自身にわかってもらいましょう。とはいえ、人間はつい「自分だけは大丈夫」と考えてしまいがち。いくら子ども世代が「危ないから」と言い聞かせても、なかなか重い腰を上げようとはしてくれません。ではどうすればいいか。問題は切りだすタイミングと伝え方にあります。

まずいちばんいいタイミングは、**「テレビや新聞で災害報道があったとき」**。ちょうど頃あいよくそのような報道がなかった場合は、

「そういえばこの前テレビで見たんだけど」

「前に友達から聞いたんだけど、彼女の実家がね」

と、話を切り出してみてはいかがでしょうか。日頃、なかなか親とコミュニケーションを取れていない人でも、**防災片づけのメリットは切りだしやすいうえ、伝わりやすい内容**でもあります。子どもが心配していることを伝えると、親の片づけに対する気持ちも前向きになります。

次の手順②でいよいよ本格的に物を分類し、動かしていきます。ここではすべてのものを3の法則を使ってわけ、別の場所に「移動」させていきます。

最初に手を付けたいのは内玄関です。履(は)かない靴があればしまうか、すでに靴箱がい

っぱいの場合は3の法則を使って履かない靴をわけていきます。続けて廊下、トイレの周り、階段の順番にチェックをしていきましょう。私がよく片づけにお伺いした家で目にするのが、階段に積まれた新聞の束や段ボール。地震などの天災はもちろんですが、転倒の原因にもなりますから、必ず捨てるか移動させていただいています。

玄関や廊下に近所の人からいただいたみかんやりんごが、レジ袋に入れたまま置かれているお宅もあります。いくら玄関が涼しいからという合理的な理由があったとしても、防災上は危険ですし、家の顔でもある玄関先に置きっぱなしでは見栄えもよくありません。置かれたままの食べ物は台所へ移動させましょう。

また、高齢者は夜中にトイレに行くことが増えます。とくに**トイレへ続く動線上のものは、どんな小さなものでも移動させます**。段ボールがあれば、必ず中身をあけ、3の法則を使って行き先を決めていきます。地震で物の山がくずれ、トイレに閉じ込められる危険性、物が置きっぱなしだと停電したときに危険だということを丁寧(ていねい)に伝えていきましょう。

窓の周りも注意したい場所です。いざというとき窓の周辺に物が積まれていては逃げることができません。

さらに、トイレの床や洗面所周りに置きっぱなしになっているのが、トイレットペーパーや洗剤などのストック用品。これらも分類し、床置きにならない場所へ移動させます。もし、移動する場所がないほど買いだめしている場合は、親にその量を見てもらい、これ以上買っても置く場所がないことを認識してもらいます。いずれにせよ、必ず床からは撤去するようにしてください。


そして、意外に多いのが廊下や玄関、階段に人形や置物を飾っているお宅です。手順③では、これらの装飾品を片づけていきます。

私の実家も以前は廊下や階段の手すりに花瓶や置物を「飾って」ある家でした。親本人としては置きっぱなしにしているつもりはなく、あくまで装飾品のつもりだったようですが……。

これも3の法則を使って移動させます。本当に**親が大事に思っている装飾品なら、リビングなどの安全できちんと飾れる場所に移動**します。好みではないいただきものを義理でなんとなく飾っているだけなら「捨てて活かす」に分類し、空間を活かすというメリットを親に実感してもらいましょう。庭の花を活けて楽しんでいるようなら、「よく見える客間に持って行こうか」など、安全な場所に飾って楽しめる「代替案」を提示するのもいいでしょう。

OKワード

□床になにもないと、停電してもすぐに逃げられるよ
□この箱どけるね。転ばなくてすむでしょ
□これで夜中でも、安心してトイレに行けるね
□このお花、床の間に飾ると○○ちゃん（孫）が泊りにきたときに喜ぶよ
□○○ちゃん（孫）もおばあちゃんに似てお花が好きなの。見えるところに飾ってもいい？

NGワード

□この箱、じゃま！
□転んで入院したら、私が面倒みなきゃいけないんだからね！
□こんなの飾ったって意味ないでしょ！

内玄関、廊下、トイレの周り、階段の片づけ

防災片づけの重要性を伝える

手順2 順番通りに床置きの物を３の法則で分類し移動

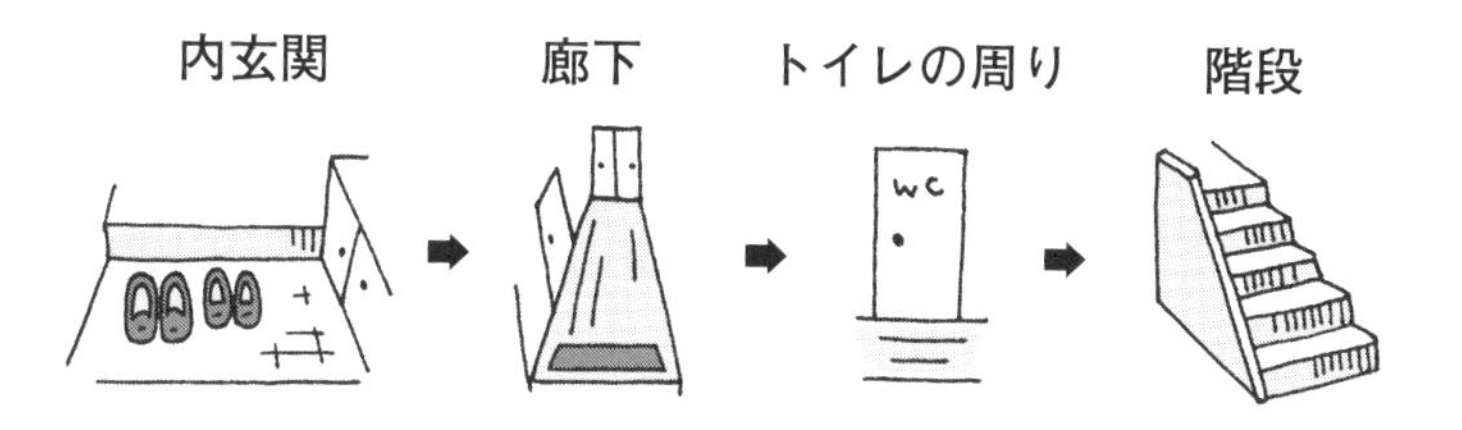

手順3 装飾品を安全なところへ

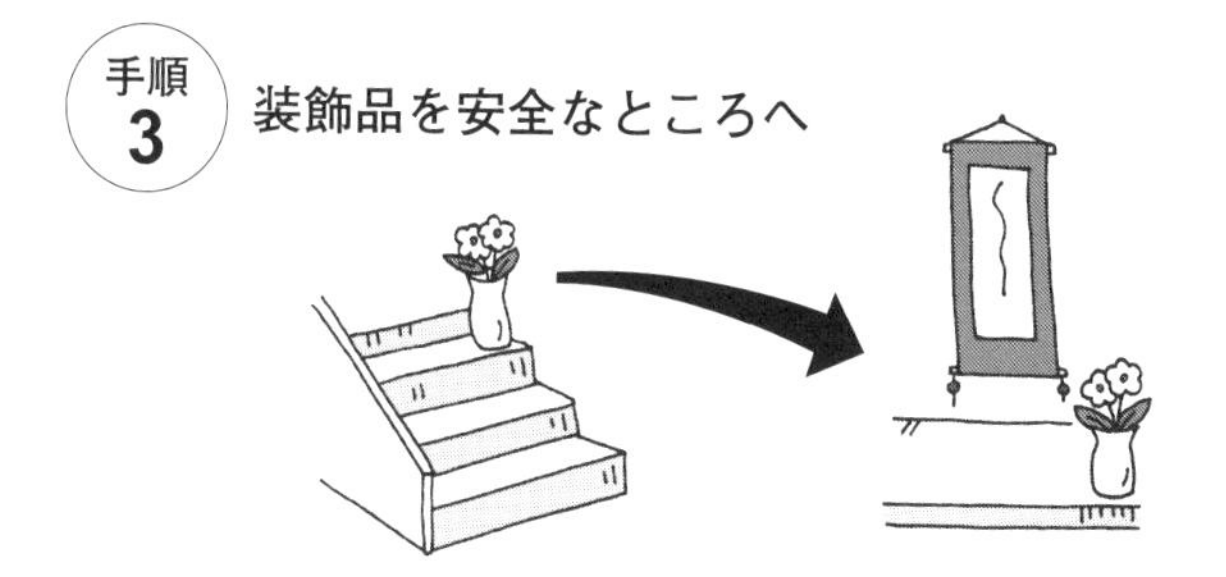

タンスの上、寝室のクローゼットの上、食器棚の上の片づけ

【手順】

①自分の頭より上にあるものは危険だと伝える
②タンスの上、寝室のクローゼットの上、食器棚の上にあるものを下ろし、
　3の法則で分類する
③物の新しい行先を決める

床と同様に地震のときに危険なのが、頭上からの転落物です。結婚式などでいただいた引き出物の箱をそのまま乗せる、スーツケースをとりあえず乗せておく……親世代に限らず、タンスや食器棚の上にはついつい物を置きがちになるので注意しましょう。

まずは、手順①で、物が上にあることの危険性を親にわかってもらいます。

数々の現場を見てきた私の経験上、脚立や椅子に乗らない限り手が届かない、もっと言ってしまえば**自分の目線より上に置かれているもののほとんどは、普段使わないもの**です。だからこそ上に上げてしまっているのです。112ページにあるOKワードを参考に、「お母さん、お父さんの安全を最優先に考えている」ことを伝えて移動することに合意してもらいます。

以前片づけに伺ったお宅でも、事前のお話のときには「東日本大震災以来、タンスの上には物を置かないようにしています」と言っていたにもかかわらず、いざ現場に行ったら、防災グッズ（ヘルメットなど）や箱、バッグなどが、きれいに「すき間収納」されていました。

普段暮らしていると、タンスや食器棚の上は視線に入ってきません。たとえ毎日見ていたとしても、それが景色の一部になっているので忘れがちです。

また、地震用の家具転倒防止器具を取り付けているにもかかわらず、その間に箱などをびっしり詰め込んでいるお宅もありました。これではまったく意味がありません。

人はすき間を見つけるとつい物を詰めておきたくなります。自分の目の届かないところに置いて、なかったものにしてしまいます（つまり、使わない物。3の法則でいうなら即一時保管箱行きのものです）。

ひと昔前の収納ブームで、すき間収納家具というものが大流行し、どれだけ家のすき間に物を入れることができるか、どれだけ上手にすき間収納できるかをステータスにしていた時期がありました。

親はすき間家具、すき間収納が大好きな世代。子ども世代がきっちりと防災目線から危険だということを伝え、親に理解してもらうことが大切です。

親が納得したところで、いよいよ手順②で物を下ろしていきます。おそらく何年も見ていなかったものが続々と出てくるでしょう。大昔にいただいた結婚式の引き出物、使わなくなった小型の電化製品や空き箱、もう何十年も使っていないスーツケース……などがよく目にするケースです。箱入りのものは箱から出して確認し、3の法則で分類していきます。

分類が終了したら、手順③に進み、それぞれの新しい行き先を決めていきます。捨てるものはそのままごみ袋へ、使うと判断したものは、食器類なら台所へ、洋服類ならクローゼットのあるところへと、それぞれの場所へ移しておきます。また、使って活かすものと分類した場合でもすぐに新しい行先が決められないようなものは、一時保管箱に分類しておきましょう。

新しいタオル類やまったく使っていない食器などは、今使っている古い食器やタオルと交換する、どこかに寄付する、使ってくれる人に差し上げる、バザーに出すなどの選択肢も親に伝えます。

また、タンスの上にガラスケース入りの人形を「思い出の品」として飾っているお宅もよく目にします。**地震はもちろん、何かのひょうしに落下するとガラスが割れて大ケガをしてしまう……なんて可能性も大。特に危険なアイテムなので必ず下ろしてください。**

他にも分類しているうちに出てきた思い出の品は、ここではひとまずひとまとめにしておきます。ここで分類した思い出の品はステップ14でまとめて整理していきます。その頃には、親も片づけの判断力がつき、自分にとって何が大切な思い出か、そうじゃないかを分類できるようになっているはずなので安心してください。

OKワード

- □地震がきたら危ないから下ろそうか
- □すき間に何もないと掃除がしやすいよ
- □上のほうにしまうと手が届かないから下ろしておくね

NGワード

- □ガラスが割れたらどうするの！
- □すぐすき間に詰め込むんだから！
- □どうせ使わないものを上に置いてるんでしょ！

タンス・寝室・クローゼット、食器棚の上の片づけ

手順1　頭より上の物は危険だと伝える

手順2　上にある物を下ろして3の法則でわける

手順3　物の新しい行き先を決める

ステップ5

健康に関する物の片づけ

【手順】

①今飲んでいる薬、毎日使う健康器具類を1カ所に集める
②使用期限の過ぎた物、飲まなくなった薬類を処分する
③わく枠大作戦を使い、「お薬コーナー」「通院セットコーナー」を作る
④親の健康情報を身内で共有する

実は、実家には健康に関する物が溢れています。

薬、お薬手帳、診察券、保険証、血圧計、体温計などの機器、メガネ、補聴器、入れ歯、衛生用品……どれも、命を守るためには必要なものです。

これは、片づけの現場でよく見る光景なのですが、高齢者のお宅にお伺いすると、必ずといっていいほど「体温計」や「診察券」（同じ病院のもの）が、意外な場所から、

それも複数出てきます。これらの、またもらえるものや少額で買えるものなら100歩譲ってよしとできるのですが、いつも飲んでいる薬や高価なものが、いざというときに使えないのは困ったものです。手順を踏んで片づけていきましょう。

まずは、手順①で親の情報を元に、家の中にある日頃飲む薬や毎日使う器具類を1カ所に集めていきます。リビングや台所、寝室など、あらゆるところに混在している可能性がありますので、一度まとめてみることが重要です。

片づけているとリビングや家のあちこちから爪切りや湿布薬、絆創膏（ばんそうこう）などの「毎日は使わない比較的重要度の低い健康関連のもの」が出てくることがよくあります。これらは箱やスーパーの袋などにまとめておくようにしましょう。これはのちほど登場するステップ8の「リビングの片づけ」で収納していきます。

このステップでは、ひとまず**命に直結するような重要な医薬品を中心に手早く片づけていく**のがポイントです。

次に手順②、それらの中から、使用期限が過ぎたもの飲まなくなったものがないか確認し、処分していきます。高齢になると、不安な気持ちからか、期限が過ぎたお薬も捨てることができずに、溜めておく方がいらっしゃるので注意しましょう。また、最近飲んだ気配のないものもまとめて処分してしまいます。

手順②を経て残ったお薬と健康器具をまとめたら、手順③、わく枠大作戦を使ってコーナーを作ります。毎日飲むお薬はリビングなど比較的目に留まりやすい場所に、親のお気に入りのかごや箱に入れてまとめておきます。こうしておけば、いざというときにそのケースごと持ち運べるので便利です。また、多くの高齢者の方が利用しているお薬ポケットも、飲み忘れがないのでおすすめしています。血圧計や体温計などの健康器具も同様に「健康器具コーナー」を作ってまとめておきましょう。

私がお伺いした70代女性のお宅では、口の開いた湿布薬が部屋のあちらこちらから出てきました。腰が痛くなったときの不安から、古いものもすべて残していたそうです。多くの物が期限を過ぎていたり、開封後時間がたっていたので乾燥して使い物にならないものばかりです。見つかるたびに、「これは使用期間が過ぎているから、効果がないですね。体によくないですよ」とお伝えし、捨てることをご本人に納得してもらいました。すべてを分類したあと、いちばん目につくダイニングテーブルの上にお気に入りの鎌倉彫の書類ケースを置き、その中に家中の湿布薬をまとめてしまうことにしたところ、在庫が一目でわかるのでいくつも開封することがなくなり、たいそう喜んでいただきました。私はお医者様ではないので、腰の痛さをとってさしあげることはできませんが、不安に思っている気持ちを安心に変えることができた、うれしい事例です。

また、お薬手帳や診察券、保険証など通院に必要なものをひとまとめにしておくと、**病院に行く際に忘れ物がなくて便利**です。

この段階で病院にどれくらいの頻度で通っているのか、どこの病院にかかっているのかなどを把握しておきましょう。万が一入院となったときでも、子ども世代が通院グッズの場所を把握しているといざというときに慌てなくてすみます。

手順④では、①～③を経て入手した情報を身内で共有しておきましょう。

実はこの「健康に関するもの」は、離れている子ども世代とも情報を共有しておくことを推奨（すいしょう）しています。もしものときに、親がどんな薬を飲んでいるのか、どこの病院にかかっているのかを把握する必要があるからです。また、**将来的にヘルパーさんのような第三者が入ったときにも困ることがありません**。

OKワード

- □ 使用期限が過ぎているね
- □ お薬手帳に書いてあるものをきちんとしまっておこうね
- □ このかごにしまっておけば安心だね
- □ これだけあれば当分買わなくて大丈夫だね

NGワード

- □ なにこの古い薬、いらないでしょ!
- □ バラバラでわからないじゃない!
- □ こんなにたくさん飲めるわけないじゃない!
- □ 湿布ばかり買ってどうするの! お金のムダでしょ!

健康に関する物の片づけ

手順1 今飲んでいる薬、健康器具類を集める

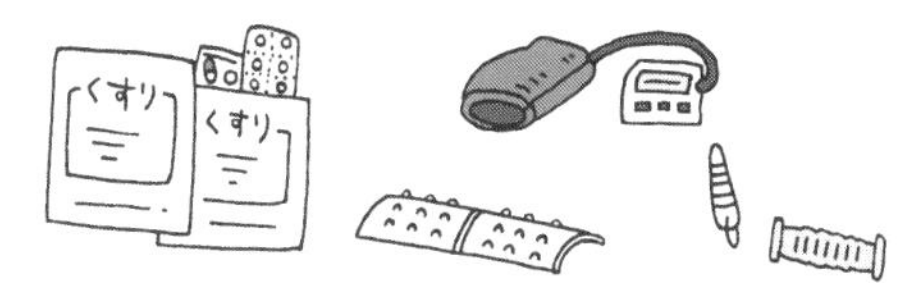

手順2 不用になった薬を処分

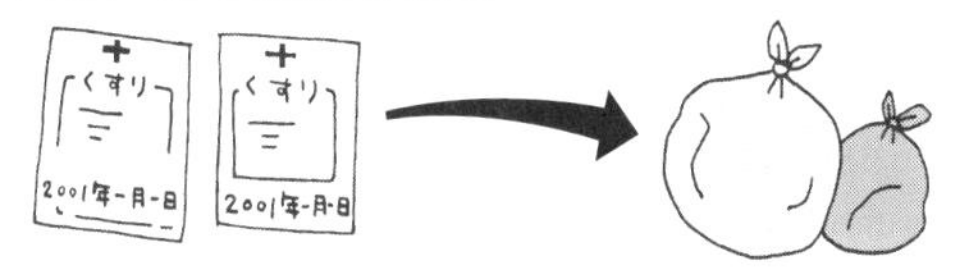

手順3 お薬コーナー、通院セットコーナーを作る

棚のひとつを通院セットコーナーにしてもOK

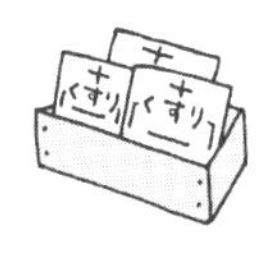

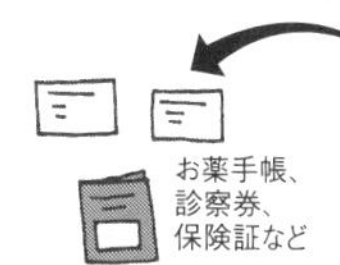

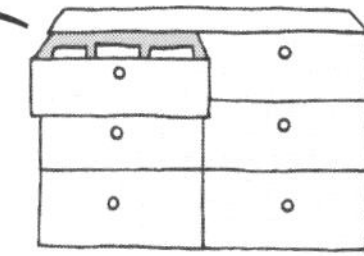

手順4 情報を身内で共有

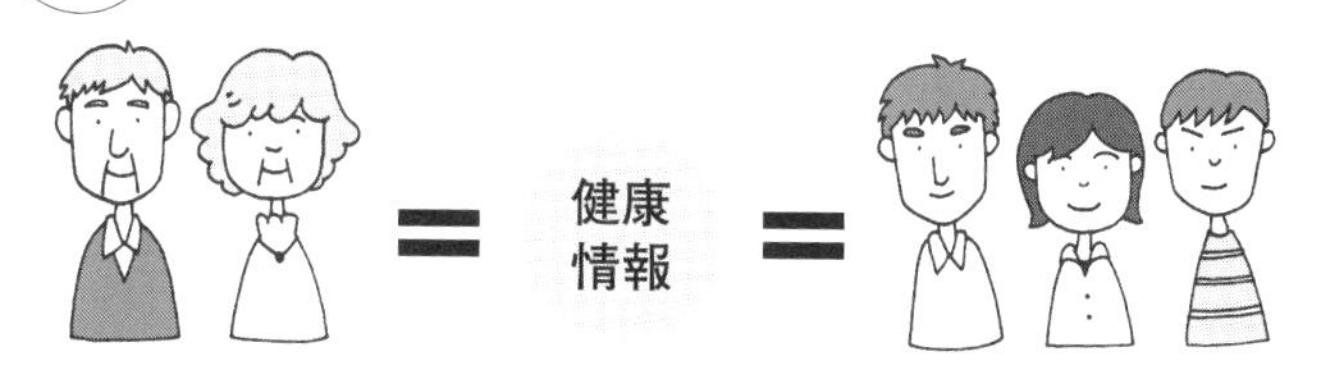

ステップ6

キッチンの片づけ

基本的にこのエリアには、「食品」「道具」「食器」の3種類しかありません。しかし、不安だから買い込んだ食品、昔のものと新しいものが混在した道具類、いざというとき用に捨てられない食器類など、**親世代の「心の声」が反映されているものが多い**ので、それぞれのアイテム別に片づけを行っていきましょう。

【手順（食品）】

①賞味期限をチェックし、「食べる」「捨てる」にわける
②食べるに分類されたものを種類別にわける
③わく枠大作戦を活用し、所定の場所へ戻す

まずは食品です。手順①で、すべてのものを「食べる」「捨てる」の2つに分類していきます。分類の**基準は明確で、賞味期限が過ぎているか、過ぎていないか**。実家の食品類を片づけはじめると、あれよあれよという間に賞味期限切れの食べ物が見つかります。特に、3・11当時に不安な気持ちから買いこんだものがそのまま賞味期限を過ぎてもストックされたままになっているケースが目立ちます。また、冷蔵庫は万能だと信じているのも親世代。開封から何年もたった調味料が冷蔵庫のポケットに入っていることもめずらしくはありません。

続く手順②では、①で「食べる」に分類されて残っているものを、「使いかけの野菜」「調味料」「ストック食品」などの種類別にわけていきます。

手順③では、それぞれのものを収納するコーナーを作ります。このときに活躍するのが、わく枠大作戦です。枠を作ることで、**「この箱から溢れたら食べきれなくなる」という目安にもなります**。ポイントは、あまり詰め込み過ぎないこと。ぎゅうぎゅうにしてしまうと、中に何が入っているかわからなくなるので、**3割ぐらいの余裕を残します**。このときに使用するわく枠のケースは、いらなくなった空き箱などがいいでしょう。空き箱なら汚れたらそのまま捨てられるので、掃除の手間も省けて便利です。

また、先に述べた通り実家の冷蔵庫でよく発見されるのは、使いかけのしょうがやにんにくなどの薬味野菜です。大家族でない限りは一度に全部使うことはまずないものなので、チューブ入りのものが便利だと買い替えをすすめてみてはいかがでしょうか。同様にファミリーパックなどの大瓶も不経済。「ムダなものを買うとよけいなお金がかかる」ことをわかってもらいましょう。

［手順（道具類）］

① 3の法則にそってわける

② 使って活かすものをいつもの場所にしまう

一般的に高齢になってくるほど手の込んだ料理をする機会は減ってくるので、普段使いの道具は限られてきます。

まず手順①、3の法則を使い吊り戸棚やラック、引き出し、シンク下にある道具を分類します。目安としては、**ここ1週間以内に使ったものならよく使う道具に、少しでも迷うものは一時保管箱に保管**しておきます。分類しているとき、さりげなく小さめの鍋やフライパン、持ちやすい（力がいらない）物や洗いやすい物を選ぶように声掛けをしていくといいでしょう。

分類が終わったら手順②、よく使う道具を元の場所に戻していきます。ポイントは、**決してしまっておく場所を変えない**こと。たとえそれが非効率であっても、親の「癖」を温存します。きれいに並ぶ、いっぱい入るなどの子どもの理屈はひとまず棚上げし、親の使い勝手を最優先し収納していきましょう。

ただし、背が届かなくなった高い場所などにしまっていた場合は、親と相談して新たな収納場所を決めるのがいいでしょう。

［手順（食器類）］

① 食器棚などにあるものを一度全部取り出す
② 3の法則にそってわける
③ 使って活かすものを食器棚の「中段」からしまう

渡部式では、物を全部出さないことが基本だと前述しましたが、食器の片づけに関しては、一度一つの棚の分だけでも全部出してみることをおすすめしています。なぜなら、食器棚ほどお宝が眠っている可能性がある場所はないから。この場合の「お宝」とは、使っていない食器や鍋などのこと。有田焼にノリタケ、ウエッジウッドなどのお宝食器が、使うのがもったいないという理由で食器棚の奥深くに置かれています。そんなお宝を眠らせ、親御さんはひとつ数百円の食器や欠けたままのお茶碗を使っている姿はめずらしくありません。

手順①でそれら眠ったままのお宝食器といつも使っている食器を1カ所に並べたら、続く手順②で、3の法則を使って分類します。欠けているお皿などは手をケガする恐れもあるので、できるだけ処分することを勧めましょう。また、お宝食器の使用を渋っている親御さんには、使わないのがいちばんもったいない、使うことで物の価値が出ることをお伝えします。

分類が終わったら手順③、一度「使う」と決めたものをチェックしてみましょう。ついつい多めに残しがちですが、私は、**実家に適切な食器は「同居人数＋帰省家族人数」で十分**だと思っています。実は、盆暮れの帰省時は帰省の人数が「見える化」するので、食器を片づけるチャンスでもあります。現場でも、娘夫婦と孫1人が帰省するのなら、親御さん2人＋娘家族3人＝5人分あればいいですよ、とご提案します。「もしものときのため」という常套句が飛び出したら、本当にそのもしものときがきたら割りばしや紙皿でも代用できるとお伝えします。

この数を目安に整理が終わったら、今度は、いつも使う食器（帰省家族分以外のもの）を**いちばん使いやすい食器棚の中段から**、それ以外のものをなるべく高くない段のところに収納していきます。

OKワード

□足りなくなったら電話して。何でも送るから今は処分しちゃっても大丈夫だよ
□ここにしまって、使ってみる？
□この食器、○○ちゃん（孫）が好きそう！
□またあのおいしい○○（料理名）が作れるね

NGワード

□こんなに食べられないでしょ！
□この鍋大きすぎだよ！
□ここにしまうと不便だって言ってるじゃない！

キッチンの片づけ

[食品]

手順1 わける

手順2 さらにわける

手順3 わく枠コーナーへ

食べる 捨てる

野菜 ストック食材 調味料

[道具類]

手順1 3の法則でわける

手順2 いつものところへ収納

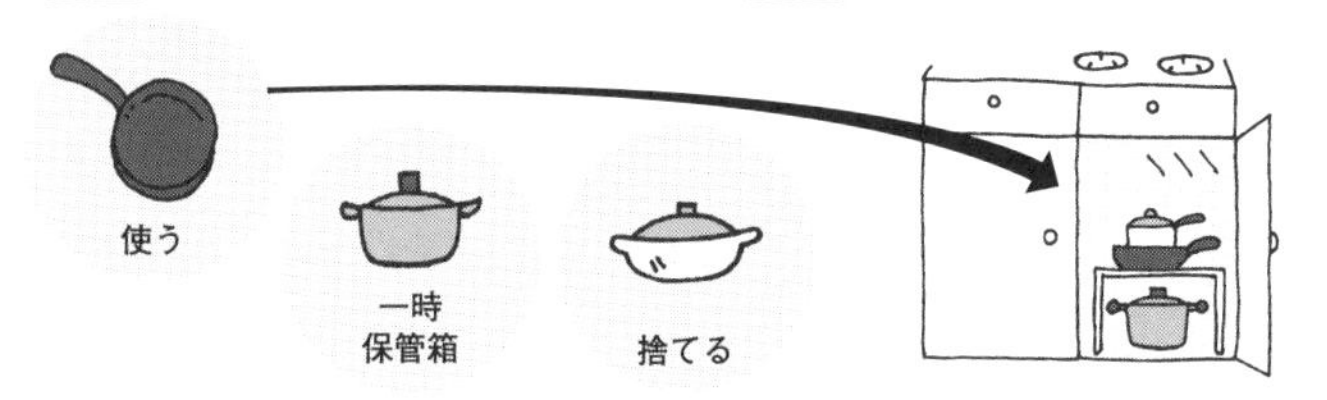

[食器棚]

手順1 全部出す

手順2 わける

手順3 中段から収納

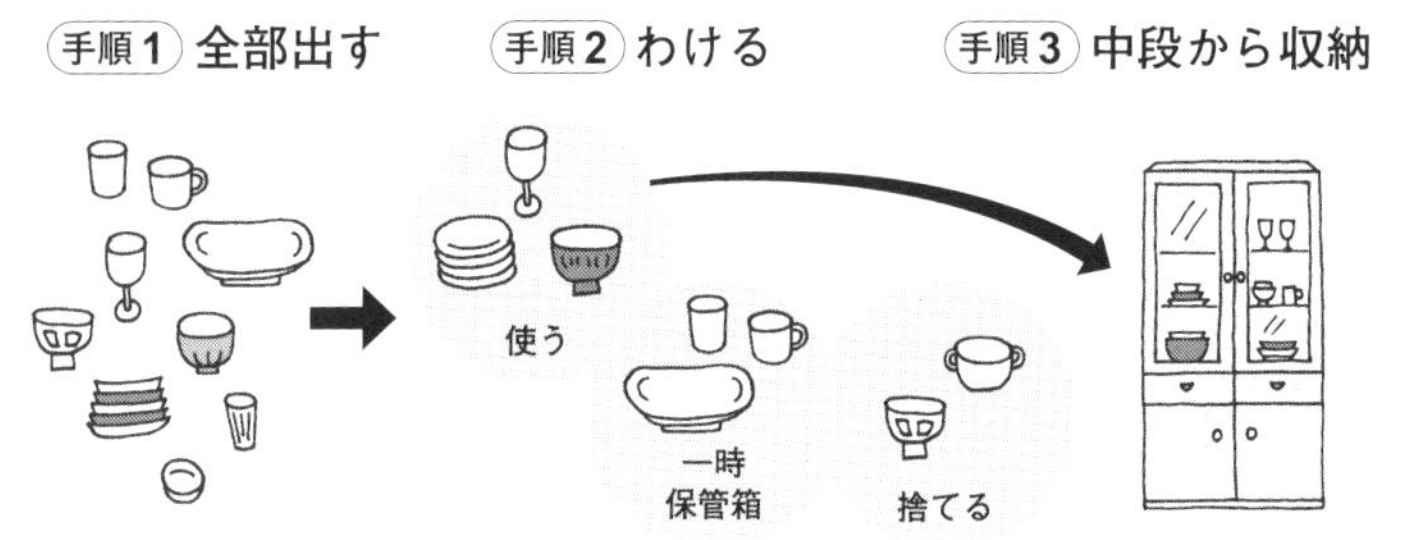

ステップ7 寝室の片づけ

【手順】
① 枕元周りの大事なものをわく枠大作戦で片づける
② 床置きの物を3の法則でわけて移動させる
③ 防災目線で全体の家具の配置をチェック

寝室は、「防災緊急順」に片づけていきましょう。

また、年を重ねるほど、寝室で過ごす時間が増えるだけではなく、大事なもの、思い出のものが次第に増えていく場所でもあります。必ず親の気持ちに共感をしつつ、片づけることを心がけてください（ただし、ここではクローゼットや洋服ダンスの中にある衣類、天袋、押し入れなどには手をつけないでおきましょう）。

まず手順①で手を付けるのは、親が寝起きする枕の周りです。ここは**親にとって大切なものが置かれている場所**です。寝る前に本を読む習慣のある人は本を読むことが好きだし、なかには孫の写真を見ながら寝入るという人もいました。ここを見れば、親が今何をいちばん大切にしているのか、何に興味があるのかをさりげなく確認できます。

片づけるときは、起きてすぐ必要なものの定位置を最初に確保しておきます。筆頭に挙がってくるのはメガネです。枕元の決まった場所に置いておくと、地震など突然の災害時にも安心できます。寝る前に飲む薬や、夜中の水分補給用の茶器を置いているお宅もあります。それらは必ず決まったところに置いたほうが安心だということを伝えましょう。このとき、わく枠大作戦を使い、トレーやカゴなどを用意して入れておくのがおすすめです。

また、高齢になって寝室にいる時間が増えるということは、寝室にいるときに地震などに遭う確率が高くなるということです。万が一のときに親がひとりで持ち出せる防災品を枕元に用意しておくと安心です。

次の手順②で、床に置かれているものを移動していきます。ステップ2で、すでに防災目線で床置きの危険性は親なりに理解しています。床に置かれたままになっているものを、3の法則を使って、ごみは所定の場所へ、使えるものは残し、迷ったものは一時保管箱にと分類していきます。夜中にトイレに起きたり、朝方まだ暗いうちに起き出したりするのが親世代。そのときに物があっては転んだりつまずいたりする原因になります。分類して残したものも、親の動線を意識しながら、新たな置き場所を考えていきます。ここでも注意したいのは、**「動線の片づけ」は、決して動線を変えることではない**ということ。親のこれまでの習慣を最優先にして片づけていきます。

また、中には寝室に貴重品や重要書類をまとめている親御さんもいらっしゃいます。もし、片づけているときにそれらのものが出てきた場合は、いったんわかるところに保管しておいてください。この後のステップ13で、貴重品や重要書類の片づけについては詳しくご説明していきます。

手順②まで終了したら、最後に部屋全体を見渡してみましょう。家具の配置は大丈夫でしょうか。地震が起きたとき、室内のタンスや棚がどの方向に倒れるか、親子でイメージしてみてください。親の習慣を尊重するため、基本的に大きな家具をどかしたり捨てたりしないのが渡部式「実家の片づけ」の原則ですが、家具が倒れたときに、その下にベッドや布団がある場合は例外です。親自身にきちんと理解してもらい、親の意思で新しい配置を決めてもらうように促します。ここでも**「親が納得して、親の意思で」**がポイントです。

OKワード

- □枕元がきれいだといい夢が見られるそうだよ
- □メガネにすぐ手が届いて安心だね
- □地震がきてもこれなら心配ないね

NGワード

- □こんなものベッドにいらないじゃない！
- □なんでもすぐに床に置くんだから！
- □寝ている間に上から物が落ちてきたらどうするの！

寝室の片づけ

手順1　枕周りをわく枠大作戦で片づけ

手順2　床置きのものを３の法則で分類➡移動

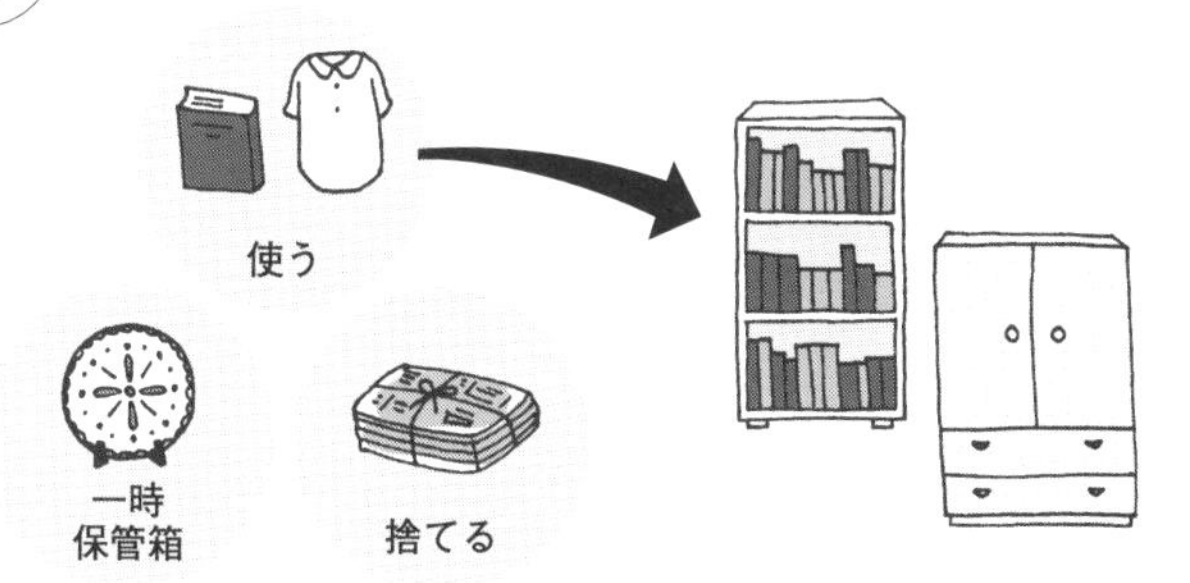

手順3　家具の配置チェック

ステップ8

リビング（居間）の片づけ

【手順】
①床置きの物を3＋1の法則で分類する
②床面をチェックする
③いつも座っている場所の周りにあるものを3の法則で分類する
④③で分類したものをわく枠大作戦でケースにしまう

リビングは家族が集まる場所なので、実家の片づけでなくても難所と言われています。リビングも食器の数と同様に、かつては大人数で使っていたものが、老夫婦だけ、片親だけになるという**「使用人数の減少」がポイントになってきます。**

手順①ではまず、床に置かれているものを3＋1の法則で分類しながら移動させていきます。

これもリビングの特徴なのですが、片づけていくと、親以外の人の物が続々と発掘されてきます。たとえば、前回帰省したときに子どもが置いていった雑誌や本、孫たちが作った工作や絵……親は「勝手に捨てていいかわからなかったから」と言い訳しますが、実は単に片づけるのが面倒だったから、という場合がほとんど。ですから、リビングの片づけは**通常の3の法則（使う物、捨てる物、一時保管箱に保管する物）＋親以外の人の物の4分類にしていくのが特徴**です。4つめの親以外の人の物は、ほとんどが子ども世代も忘れていた物だったりするので、こちらは迷うことなく処分できるでしょう。

ただし、連れ合いを亡くした親御さんは、かつての妻の物や夫の物は捨てることができません。勝手に捨てるのは厳禁です。本当の思い出の品や写真類はステップ14で片づけていくので、ひとまずここではまとめておくだけにしておきます。

また、レジ袋や紙袋に入ったままのもの、段ボールなどがあれば、中をあけて行き先を決めていきます。かなり以前に購入したにもかかわらず、封をされたままの場合は、必要がないのに買ったということです。買うこと自体が楽しい、楽しみがほかにないなど、何かしらの問題がある場合もあるので、話し合ってみる必要がありそうです。また、賞味期限の切れた食べ物はごみ袋へ、脱ぎっぱなしになって忘れられた洋服はいったんひとまとめにしておき、ステップ9でまとめて分類します。貴重品、重要書類もいったんまとめておき、ステップ13で分類していきます。また、ステップ5で出てきた爪切りや湿布薬、絆創膏などの「毎日は使わない比較的重要度の低い健康関連のもの」はわく枠大作戦を使って片づけます。

実は、リビングの片づけでいちばんやっかいなのは、紙の書類です。明らかにいらない期限切れのチラシやカタログなどは親の了解のもと処分できますが、思い出の品や写真、手紙などは、読み始めてしまうと思い出話に花が咲き、どんどん片づけを遅らせてしまいます。ここではいったん袋などにまとめ、ステップ14まで保管しておきましょう。

床置きの物が片づいたら、次に手順②、床面のチェックに移ります。案外見落としがちなのですが、**カーペットの重ね敷きや延長コードが室内を横断していないかも確認し**ていきます。古くなった床の凹みを隠そうと、カーペットを重ね敷きしているお宅は意外に多いもの。これは、転倒の危険があるので改善が必要です。親が納得するようなら床の修理を提案します。また、古いお宅は今のお宅と比べて圧倒的にコンセントの数が少ないので、延長コードを大活躍させています。部屋を横断していると転倒の原因にもなり、大変危険です。数少ないコンセントが家具の後ろに隠れていて使われていないケースもあります。子ども世代がチェックをし、**延長コードが必要な家電類は、本当に必要かどうかも判断する必要がある**でしょう。

また、これはおそらくご年配の親御さんをお持ちの方々の「あるある」話なのですが、実家のリビングでは、親はほとんどどこに座るか決まっています。そして、必要なものをそこに座った状態で手の届く範囲内に配置しがちです。

手順③では、それらのものを集め、3の法則にそって分類していきます。さらに、使うものに分類された物を本当によく使うもの（リモコンやメガネなど）と、使うけど手元には必要でないもの（爪切りや耳かきなど）にわけていきます。そして、本当によく使うものをわく枠大作戦を使って、お気に入りのケースや箱にしまっていきましょう。

以前お伺いしたお宅では、ひとり暮らしにもかかわらず、はさみが10本、爪切りが5つ、それも居間だけで出てきました。どこにしまったか忘れてしまうので、いつも探しまわり（ない場合は買う）、また見つけられない場所に置いてしまう。それを繰り返した結果です。**置く場所をケースで決めておけば、使いたいときはこのケースの中を探せばいいので、無駄な出費も防げます。**

OKワード

□ 爪切りをひとつ選ぼうか。どれがいい？（選択は親に任せる）
□ お父さんのものは箱に入れておこうか
□ 床に何もないと○○ちゃん（孫）が安心して遊べるね
□ 今度買うときは一緒に選ぼうね

NGワード

□ 手が何本あるの！　爪切りは10個もいらないでしょ、これひとつで十分！
□ 亡くなったお父さんのものはもういらないじゃない！
□ こんなもの、いつまでとっておくの！

リビング（居間）の片づけ

手順1 床置きの物を３＋１の法則でわける

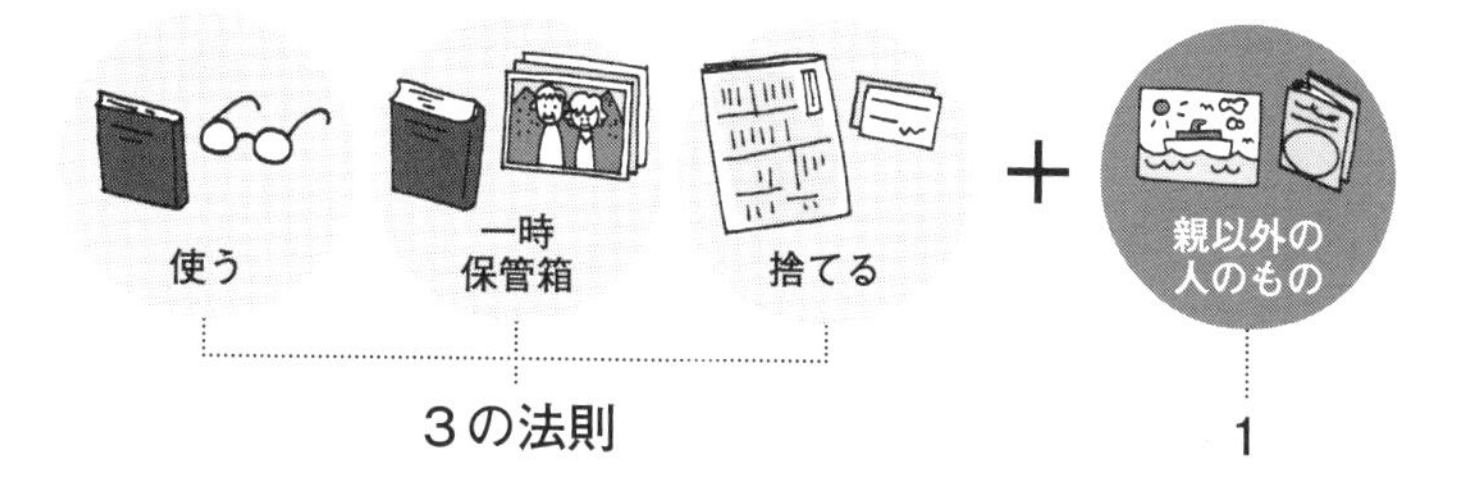

手順2 床のチェック

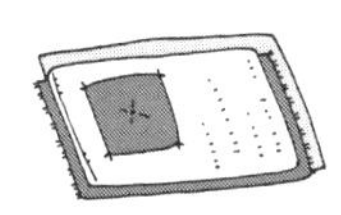

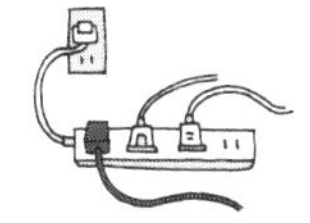

手順3 いつも座っている場所のものを３の法則でわける

使う　一時保管箱　捨てる

手順4 わく枠大作戦で収納

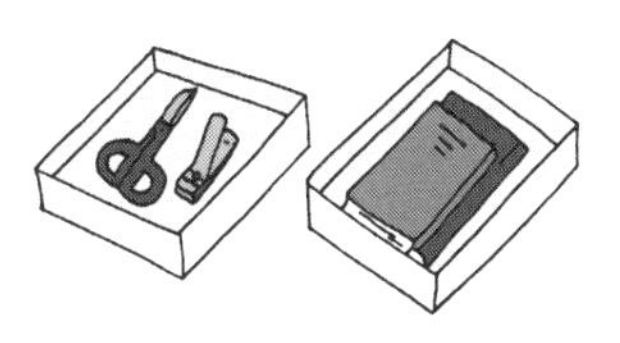

クローゼットやタンスの中などの洋服の片づけ

［手順］

①集めた服、はみ出ている服、小物をすべて3の法則でわける
②クローゼット、タンスの中身を3の法則でわける
③手順①と②でわけた「着る服・使う小物」を親の習慣にそってしまう

クローゼットもキッチン同様、「母親の思い入れ」の強い場所です。これは、おしゃれ、着飾るのが好きかどうかは実は関係ありません。擦り切れてボロボロになった洋服ならまだしも、ほとんどの洋服はまだ着られるけど好みが変わった、以前働いていた時代に着ていた、改まって着ていく場所がない、などの「着なくても着られる服」がほとんどだからです。食品などのように「賞味期限」が明記されているわけではないので、やっかいですね。さらに、「どうせまた明日も着るから」「また今度着るから」という理

由から、普段よく着る洋服はクローゼットやタンスにしまわず、パイプハンガーや椅子、鴨居(かもい)などにかけているケースが目立ちます。言い換えれば、この洋服こそ今親がいちばん着ている洋服です。だからこそ、まずはクローゼットに収まっていない洋服や小物(これまでのステップで集まった洋服を含む)の片づけから手を付けます。

この場合の3の法則は「着る服・使う小物」「着ない服・使わない小物」「着るか着ないか迷う服・使うか使わないか迷う小物」です。このとき気を付けなければいけないのが、**決して「いる」「いらない」で判断しないことです**。ついつい、「これいるの?」「これはいらないでしょ?」と聞きがちですが、この二択で判断していくと、冒頭でお話しした「着なくても着られる服」を処分できなくなってしまいます。その結果、「着ることはできるけど、これから先着る可能性は極めて低い20年前の洋服」のようなものまでとっておくハメになってしまうからです。そういう意味でも、クローゼットに収まっていない洋服の場合は比較的「着る服」に分類されることが多いかもしれません。

次の手順②でクローゼットとタンスに取り掛かります。ここでもつい、中身を全部外に出してしまいたくなりますが、そうすることで収拾がつかなくなる可能性が大きくなりますから、ぐっと我慢。クローゼットの中のものを、先ほどと同様に3の法則で分類していきます。

このとき片づけを最速にするコツは、**服や小物を直接親に触らせないこと**。触った途端に情が移り、「着る」「着ない」「とりあえず保管」の3つの分類に、「(着られないけど) 好みの服」「着ることはできるけど、これから先着る可能性は極めて低い20年前の服」まで「着る」に分類されてしまい、さらに収捨不可能になってしまいます。では、親が触ることなく捨てるにはどうすればいいのか。それは**指さし確認で、3の法則を行うことです**。クローゼットにかかったままでもいいですし、子どもが手にもって「これ着る?」「これ着ない?」と声をかけていく方法でもいいでしょう。もし、親が3秒以上たっても判断に迷っているようなら、一時保管箱に保管します。私の経験上、洋服の場合は特にこの一時保管箱(今は捨てるわけではない)の存在が心を軽くしてくれるので、次第に判断のスピードも速くなってきます。

タンスなど、奥に何が入っているかわかりづらく、中のものを一度外に出したほうがいい場合でも、**全部を一度に出さず、1段ずつ3の法則を行うようにしてください**。

手順①と②で「着る服」がわけられたら、今度はそれをしまっていきます。手順②でクローゼットやタンスに空きスペースができたはずなので、ここに手順①で「着る」に分類した洋服や小物をしまっていきましょう。そのとき、手順①でもお伝えした通り、ここで残った洋服は最近よく着ている（使っている）ものがほとんどなので、いちばん取り出しやすいところにしまっていきます。その際、**しまい方、たたみ方は必ず親の習慣通りにしてください**。「こちらのほうがきれいにしまえるから」「このたたみ方のほうが省スペースだから」という、子ども世代が雑誌や本で仕入れた情報を無理強いするのは禁物です。**ここで新しいやり方を「教えて」しまうと、100%リバウンドしてしまいます**。

このとき、さりげなくアイテム別にしまうことをすすめてみてください。

実は以前お伺いした70代の女性のお宅では、この手順でわけた洋服をクローゼットにしまってみたところ、上着は黒とグレーだけ、ブラウスは白しかありませんでした。それを見た親御さんは、「こんなに同じものばっかり買っていたのですね」と目を丸くされていました。

このように、片づけはじめると同じような色、柄、形の洋服がたくさん出てきます。

親御さん自身がこの事実に気づくと、同じような洋服をまた買ってしまうことがなくな

りますから、経済的にも効果的です。

また、これは男性（男親）に多いのですが、思い入れのある洋服を捨てられないケースによく遭遇(そうぐう)します。**忙しく働いていた現役時代の背広やワイシャツ、社章入りの作業着**などを手放すことができないのです。定年後何年も経過しているし、今着る機会はほとんどないものがクローゼットの中に大量に残っていることなど、子ども世代にとっては意味がわからないかもしれません。つい、「なんでこんなもの取っておくの！」「もう着ないじゃない！」などと非難してしまいそうになりますが、それは絶対にNG。もう着ないのは本人がいちばんよく知っています。着ないけれど、捨てられない服というのが、誰にでもあるのです。子ども世代が「会社人間」だと思っていた男親にしてみれば、まさに自分が輝いていた頃の洋服こそがそれなのです。

もし、手順③でそのような洋服が大量に残った場合は、**その中でも特に思い入れのある洋服を1～5着ほど残し、大切に保管しておきましょう**。目のつくところに飾るスペースを作ってあげるのも親孝行のひとつです。

OKワード

- □違う色（形）の洋服を残そうか
- □こっちの服とこっちの服、どちらがいい？
- □この洋服のほうがお母さんには似合うよ
- □軽いバッグのほうが持ちやすいね

NGワード

- □こんな服、もう着ないでしょ！
- □この服、古すぎ！
- □大きいバッグなんて、もう使わないでしょ！

洋服の片づけ

手順 1 集めた服&はみ出ている服などを3の法則でわける

手順 2 クローゼット、タンスの中の物を3の法則でわける

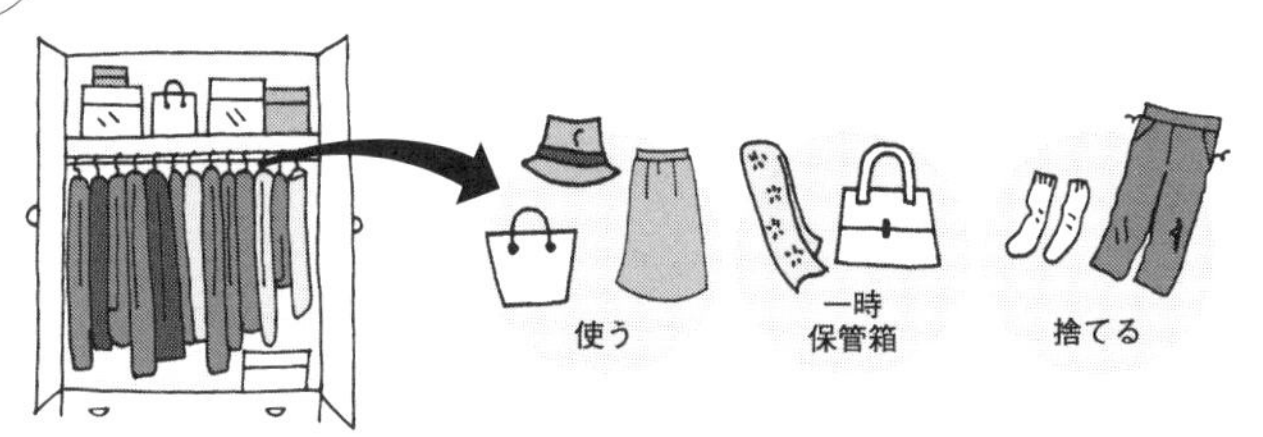

手順 3 「着る（使う）」ものを収納

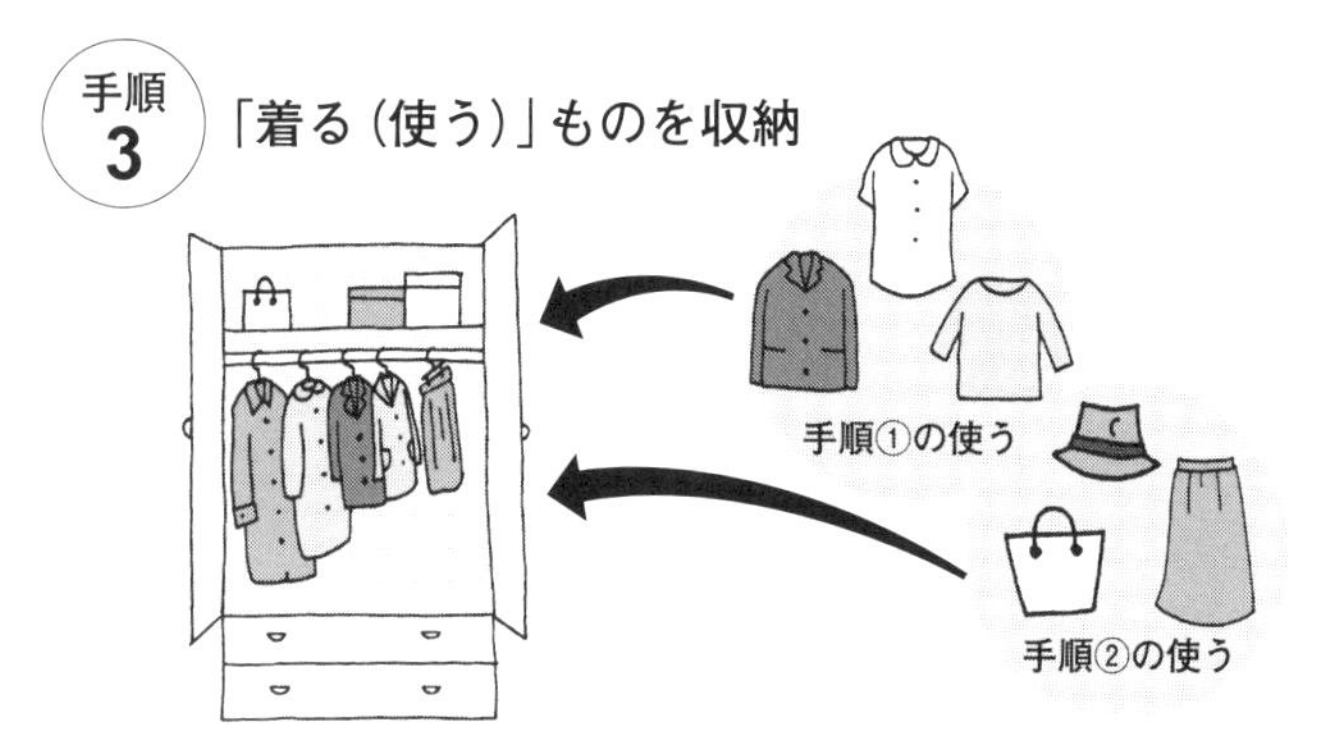

ステップ10

書斎、趣味の部屋の片づけ

【手順】
①現在行っている趣味、これからやりたい趣味を聞く
②3の法則を使って分類していく
③これからやりたい趣味のスペースを整える

趣味の空間は、親の生き方、好みが最も現れるところですが、これまでの片づけで親自身の片づけモチベーションも上がっているうえ、手際もよくなっているので、このタイミングで行うと、サクサクと進行できるメリットがあります。

ただし、趣味の道具はこれまで以上に親の思い入れも深いので、親だけにまかせてしまうといつまでたっても片づかないうえ、あれも捨てられないこれも捨てられないと、ふたを開けてみたら片づける前と全然変わっていなかったという笑えない笑い話もある

ほど危険なエリアです。
一方で、片づけながら会話を進めることで、これまで知らなかった親のもうひとつの顔を見ることもできます。ここは、**片づけるという意識より、使いやすくなるようにサポートする、という意識を持ったほうがいいでしょう。**

まず子ども世代が覚えておきたいのは、趣味は親のこれからの人生を楽しくイキイキとさせるためのツールだということ。手順①ではまず、最初に今何にハマっているのか、これからどんなことをやりたいのかをさりげなく会話の中から聞き出します。親に限らず、趣味の話になると誰しも口は軽やかになりますから、普段会話の少ない親子でも比較的難しくないでしょう。

①で聞き出した話を元に、手順②で現在行っている趣味のものは残し、それ以外の以前はやっていたけど今は使っていない趣味の道具、今は興味がなくなった収集ものなどを捨てるか一時保管箱に移動させます。
着物のように、たとえ買ったときは高価でも売るときは値段があまりつかないもの、若いころはやっていたけれど、今は体力的にできなくなったものなどは、価値のわかる

同じ趣味の仲間に差し上げることもすすめてみましょう。

また、収集した物はその人にとってはお金には換えられないほど大切なものでも、他の人にとってみればまったく価値にならない場合がほとんどです。遺品整理のときに業者に頼んでも、よくて二束三文、悪いときはお金を払って引き取ってもらわなければいけない場合もあります。当然、その逆もしかり。ガラクタだと思っていたものが、意外なお宝だった、なんてこともないとは言い切れません。

趣味の分野はたとえ子どもであってもわからないことだらけです。親が元気なうちにさりげなく収集したものの価値を聞きだしておけば、先々遺品整理をする際に役立ちます。もちろん、あからさまに「価値＝値段」という聞き方は避けましょう。

①と②の手順でできた空きスペースに、手順③で今の趣味で必要なものを収納していきます。このとき、手をのばさなければいけない場所、かがまなくてはとれないところにはあまり物を置かないようにしておきましょう。また、高い場所に物を重ねたり、ガラス製品を置いたりするのも、これまでお伝えしてきたとおりＮＧです。親自身が気に入っている物や事には共感を示しつつ、尊重しながら片づけのお手伝いをしていきましょう。ここで信頼を得ておけば、この後にやってくる貴重品や思い出の品のステップも

難なく進めることができるでしょう。

OKワード

□最近、〇〇のサークル行ってる？
□この人形、ほこりがかぶらないように飾ろうか
□同じ趣味でもらってくれそうな人いる？
□広くなったから、また趣味が楽しめるね

NGワード

□どうせすぐ飽きちゃうくせに！
□こんなにあってもどうせ使わないでしょ！
□もう体力なくなったんだから、無理でしょ！

書斎・趣味の部屋の片づけ

手順1 現在、これからやりたい趣味を聞く

手順2 ３の法則で分類

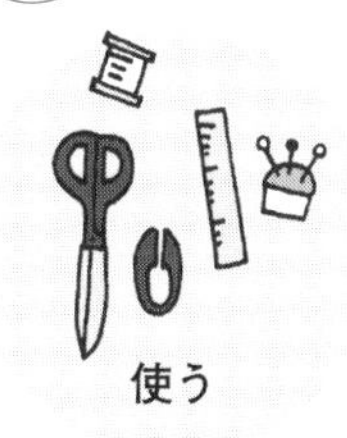

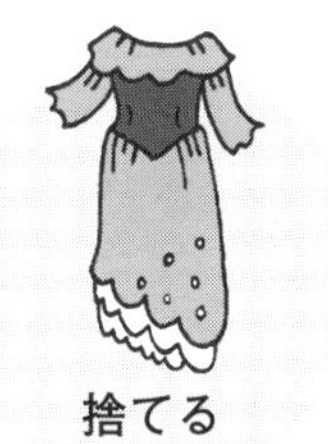

手順3 趣味のスペースを整理

ステップ 11

本、雑誌、本棚の片づけ

【手順】
①　3の法則を使って分類する
②　手放す本を家の外に出す
③　防災目線で本棚の位置をチェックする

まず手順①で、本棚の中身を3の法則にそって、使って活かす本は「手元に残しておく本」に、迷うもの・読まないけれど手放す決心がつかないものは「一時保管箱」に、資源ごみ・古書店に売るものは「手放す本」にわけていきます。

手元に残すと判断した本を見ると、親が今何に関心があるのか、何に悩んでいるのかがわかる場合があります。たとえば、私がお伺いした現場でも、ハーブの本や刺繍（ししゅう）の本など趣味の本を残している方は多くいらっしゃいます。また、ダイエットやコレステロールを下げるなどといった健康本などは、現在の悩みと直結しやすいものです。手に取りやすい本棚の中段などにまとめてしまっておきましょう。その際、ぎゅうぎゅうに詰め過ぎず、かといってスカスカにしないことがポイントです。ぎゅうぎゅうにし過ぎると、取り出したものをしまえず、本棚の前に積んでしまう恐れがあります。また、余裕がありすぎると、まだまだ買ってもいいんだと、余計なものまで買ってしまう恐れもあるからです。**2割ぐらいの余裕を残しておく**のがいいでしょう。

また、「手元に残しておく本」は、なにも今読む本だけではありません。「思い入れのあるもの、思い出のもの」もここに入ります。女性の場合は、結婚したときに祖父母からもらった料理本、学生時代に読んだ岩波文庫や難解な本の背表紙を見るだけで当時の自分を思い出して落ち着くという男性もいました。それらは**本としての役割を超え、思い出の品となり、心の安定剤となっています**。親が目につく場所に「飾って」おいてあげましょう。

雑誌や通販のカタログを見るのが好きという人もいます。そういう場合は、最新号コーナーを本棚の一角に作ったり、わく枠大作戦を使ってコーナーを作っておけば、新しい本を購入したら前の号は捨てる、という習慣をつけやすくなります。**自分の興味の**

あることなら新しい習慣でも身に着くことが多いので、提案してみるのがいいでしょう。

ちなみに、よく相談されるのが百科事典と文学全集です。高値で買った記憶があるので、なかなか捨てられないのでしょう。親御さんからすると、古い百科事典は情報が古くて使えないと理屈ではわかっていても、知識の宝庫を処分するなんて想定外だったり、文学全集は自分が文学好きだったころの「思い出」だったりします。そのうえ、当時は高値だったこともあり、なおさら処分しづらいのが現状です。本はメンテナンスに手間がかかること、「揃いモノ」の大型本は本自体が重くて場所もとり、防災面でも保管がたいへんだということを伝えます。

ある70代の女性は、最初は百科事典や文学全集を処分するなんてとんでもないと思っていましたが、子どもが次に帰省する前に自分から業者を呼んで処分したそうです。片づけていくうちに、読まない本をとっておくよりも、今読みたい趣味の菜園の本があればいいと思ったとのこと。気持ちが前向きになったケースです。

また、趣味がよくあらわれる雑誌類のほか、新聞四紙を約40年以上保管しているという男性のお子さんから相談を受けたケースもありました。これらは、今さら読み返すことはなくても、親世代にしてみれば持っていることに意義があるのでなかなか手放したがらないのも共通しています。この男性の場合は、紙は湿気を吸いやすく虫がわきやすいため、保管することは手間がかかるということをお伝えし、その中でも手元に置いていつも見たいものだけを残して、それ以外は処分することに納得してくださいました。結果的には他の雑誌類も含めて2トントラック1台分を廃棄することになりましたから、相当な分量だといえます。

保管する手間を親が具体的にイメージできれば、手放す決断を下しやすくなります。あせらず、あきらめず、OKワードを利用して親に納得してもらいましょう。

次に「手放す本・雑誌」をどうするか。手順②のポイントは、できるだけ決心が変わらないうちに家の外へ運び出すこと。この場合、**外というのが重要**です。つい廊下や玄関などに置きっぱなしにしてしまいがちですが、そうすると親がだまってまた部屋に戻す、という話もよく耳にします。家の外に出すことで、親としても踏ん切りがつくようです。ただし、防犯面で問題のない所に置いてください。

本の場合は、資源ごみとして活かす、もしくは古書店の出張サービスをうまく使うようにしましょう。インターネットで集荷日を予約できる古書店を利用すれば、その日のうちに片づくので便利です。

本棚の整理が終わったら、手順③。防災目線で本棚の位置をチェックします。本棚の下にベッドがある、布団を敷くなどの場合は、地震がきたときに危険なので、本棚の移動を提案してみましょう。また、これまでの手順を踏んで本棚に残した本が少なくなっている場合は、本棚そのものを撤去するという決心をする親御さんも少なくありません。これまでのステップで片づけることの重要性と処分することの意味を理解できている親世代も多いので、意外にあっさり処分されるケースも多いのです。

OKワード

- □本を積んでおくと地震がきたときに崩れて危ないよ
- □こんなことに興味を持っているんだね
- □この本を見てよく昔ケーキ作ったよね

NGワード

- □こんなに本があっても地震がきたら危ないだけじゃない！
- □またって言うけどいつ読むの！
- □どうせ読まないんだから、こんな本必要ないでしょ！

本、雑誌、本棚の片づけ

手順 1　3の法則でわける

手順 2　捨てる本を家の外へ出す

手順 3　本棚の位置をチェック

紙類（クーポン券、書類、チラシなど）の片づけ

【手順】

①「期限」に注目し、3の法則でわける
②「使うもの」をさらに細分化してわける
③部屋に普段使いの一時保管箱とごみ箱をセットで設置する

ここでは、リビングや台所など、これまでの片づけで出てきた紙類を一気に整理していきます。ほとんどの親世代は、インターネットで調べる習慣が身についていない、もしくは経験が浅いので、あらゆるものを「とっておこう」とします。

紙の書類は一目でいるものかいらないものかを判断しづらく、時間がかかるわりには別にスペースをとっているわけではないので、片づいたという達成感を抱きにくいのが難点です。

まず手順①、まとめてあった紙の書類を「使う」「一時保管箱」「捨てる」に仕分けします。その際、**いちばん注目したいのは、「期限」**。チラシやイベントのお知らせ、地域の広報物、買い物のチラシなどはほとんどのものに期日の掲載があるので、それが判断材料になります。

使うものに分類されたものは、おそらく買い物のスタンプカードやクーポン券、デリバリーのメニュー、領収書の類でしょう。それらを手順②では、「保管するもの（町内会のごみ出しのお知らせ、家電の取扱説明書、保証書などのように一定期間保管が必要なもの）」「医療もの（病院の案内や治療法が書かれたチラシ類など）」「買い物・ポイントカード系」「領収書」に細分化していきます。ごみ出しのお知らせなどは台所のごみ箱の近くに貼っておいたり、ポイントカードやクーポン券の類は、わく枠大作戦を使って、もらってきたら箱に入れるようにしてもらい、出かけるときはその中をチェックして出かけるように提案してみます。

領収書のような大事なものは、収納場所を変えてしまうといざというときに探すことになってしまうので、親のこれまでの習慣を変えないのが基本ですが（袋に詰める、財布に入れるなど）、例えば家計簿と一緒の引き出しに入れる、医療費などはステップ5のときに作った「通院セットコーナー」や「お薬コーナー」などにまとめておくなどの方法も、必要なときにすぐに取り出せるのでおすすめです。

ポイントカードや領収書などは、一般の片づけ講座ではダブルクリップやクリアファイル、名刺フォルダーを使った方法をお伝えしています。しかし、親世代はダブルクリップは指先の力が弱くなっているのであまり上手に使えません。また、クリアファイルなどのオフィス用品にもなじみがないので、使い勝手がよくないはず。そこで、実家の片づけでは、普段子ども世代がクリアファイルやクリップを使いたくなるようなものをすべてわく枠大作戦を使って空き箱に放り込んでいきます。もし、親が片づけをさぼっていても、**子ども世代が次に帰ったとき、箱の中をチェックし、期限が過ぎたものを捨てていけばいいので便利です**。

どこにも分類できない紙類は、ひとまず一時保管箱に保管しておきます。

これまで登場した一時保管箱は、片づけ後に親の目に触れないところに一定期間保管する目的のものでしたが、手順③でご紹介するのは普段使いの「一時保管箱」です。

これは私が以前伺ったお宅で、非常に喜ばれた方法です。そのお宅は60代後半の女性がひとりで暮らしていました。その方は、リビングのいつも座る場所が決まっていたので、郵便物もそこで開けるのですが、ハサミを見つけるのが一苦労。やっと見つけて封を開けても、近くにごみ箱がないので、使えるクーポンもごみ類も同じ場所に積まれたままになっていました。そこで、ごみ箱をいつも座っている場所の近くに移動させ、手の届くところにわく枠大作戦の空き箱でクーポンコーナーを作ったことで、郵便物を開封したその場で使えるものと使えないもの（ごみ）をわけられるようになりました。さらにそこに普段使いの一時保管箱を設置し、使うかどうかわからないけど一応保管しておきたいものを入れておくようにしました。

このように、リビングに限らず、親が郵便物を開ける場所の近くに、ハサミ、クーポン類を保管するためのわく枠大作戦の箱、普段使いの一時保管箱を置くだけで、一連の流れとなる動線を作り出し、生活しやすくなるケースもあります。習慣を変えることはなかなか難しいとお話ししましたが、親自身が便利だと実感したものは、その後新しい習慣として根付いていく可能性もありますので、危険性がなく、これまでの習慣を180度変えるものでなければ、一度提案してみてはいかがでしょうか。

OKワード

□これで、○○ちゃん（孫）と一緒にお絵かきができるね
□こうしておけばいざというときに探さなくてすむね
□こうしておけばクーポン券が使えるからおトクだね

NGワード

□こんな書類どうせ見ないんでしょ！
□こんなに散らかして！
□なにがなんだかわからないじゃない！

紙類の片づけ

手順1 3の法則でわける

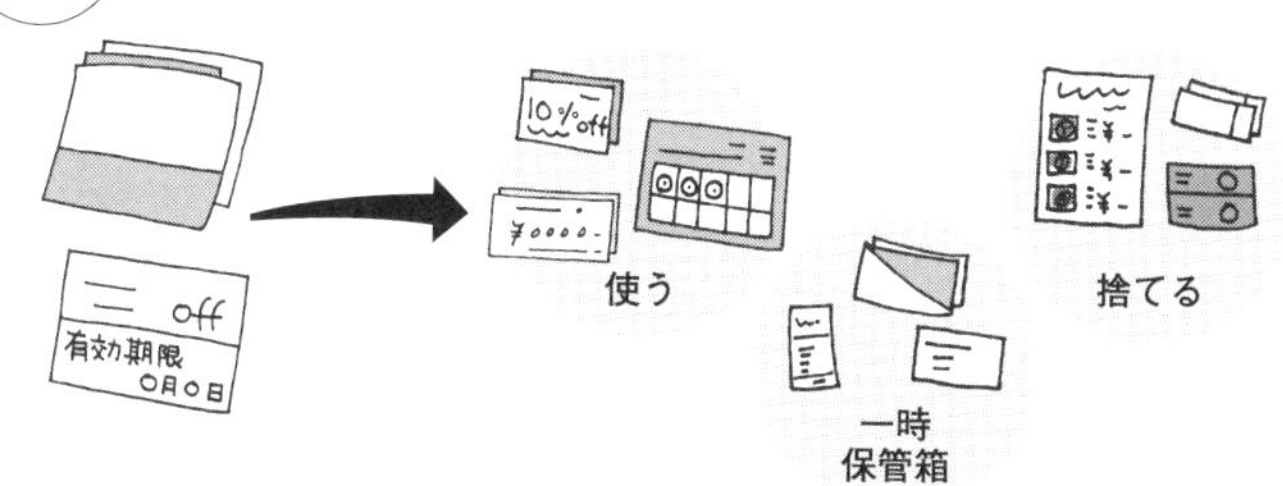

手順2 さらに細分化する

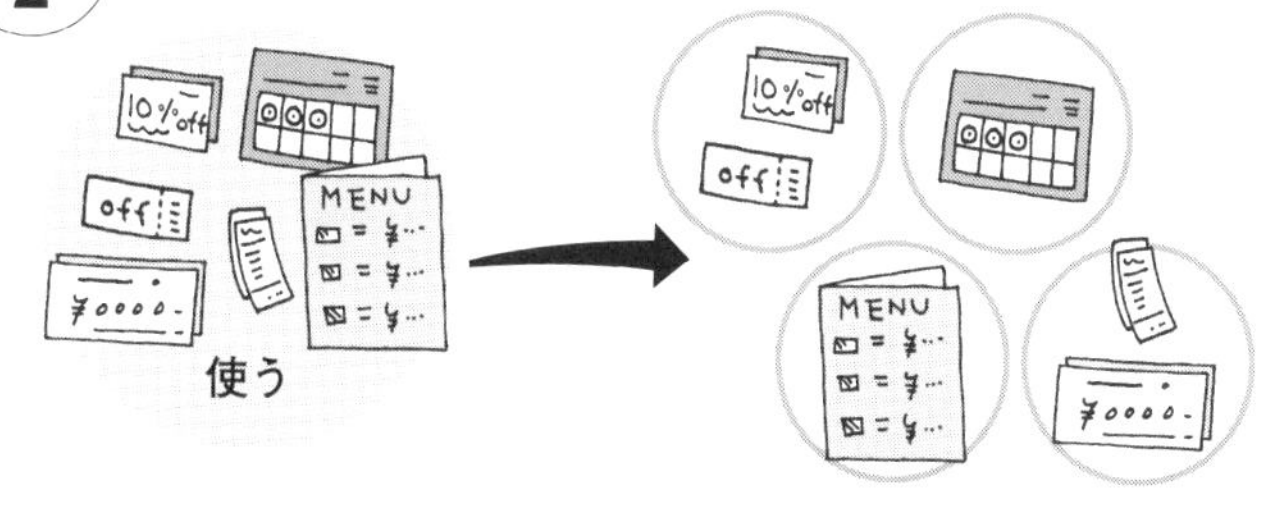

手順3 一時保管箱とごみ箱をセットで置く

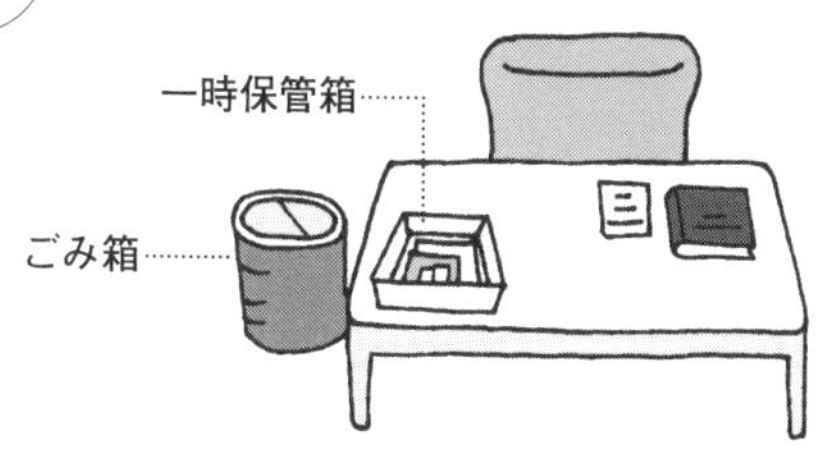

ステップ 13

貴重品、重要書類の片づけ

【手順】
① 貴重品・重要書類をリスト化する
② しまってある場所と現物を確認する
③ しまう場所、ライフメモを家族で共有する

しびれをきらしていた読者もいるかもしれませんが、ここまできて**いよいよお金の話に入っていきます**。男性にありがちなのが、コミュニケーションもあまり取れていない段階で、帰省した途端に「母さん、通帳はどこにしまっているの」と言ってしまうこと。親にしてみれば自分はもう長くはなく、子どもはお金だけが心配なのかと悲しく思うはず。このステップまで進めば子ども世代がいかに親の安全や健康を心配しているかが伝わっていますので、安心して切り出してみましょう。

まず、手順①で貴重品や重要書類をリストアップします。ここまで片づけを進める中で、家のあちらこちらから貴重品や重要書類が出てきた場合はそれらを集め（それぞれのステップで1カ所に集めておきましょうと指示したものです）、それをリスト化していきます。本棚のすき間から出てきた古い100円札や東京オリンピックの記念硬貨、寝室の奥に眠っていた古い骨董品なども、書き込んでおきます。

第1章でご紹介した**ライフメモを作られた方は、そこに書いておくといいでしょう**。次ページの貴重品・重要書類リストを参考に、それぞれの実家なりの貴重品・重要書類リストを作っておくことをおすすめします。書き出しておくことで、災害時に慌てなくてすみ、子ども世代ももしものときに困らないから助かります。

手順②で、リストにあるものが、本当に親の記憶どおりの場所に保管されているかを確認します。長い間見ていない物や、ずいぶん前から保管しているものは、しまう場所を勘違いして覚えていることがあります。通帳や印鑑など比較的よく使うものはすぐ出てくるのですが、長い間持っているだけの有価証券や何十年も前に家を買ったときの不動産の権利書などは要注意です。

片づけの現場で直接お客様の重要書類を触ることはないのですが、あるお客様から、権利書をしまってあると思っていた場所には、単なるローンの返済明細表しかなく困ったという話を聞いたことがあります。権利書紛失のための手続きに約15万円、加えて親族の手間もかかり、不動産を売るまでの時間も延びて利息も加算されてしまった、とさんざんな目にあったので、家の中を片づけることにしたとおっしゃっていました。

また別のお客様は、勤め先の会社名の書かれた茶封筒の中に株券を入れて、自分ではきちんと保管しているつもりでいたのですが、久しぶりに開けてみ

[貴重品・重要書類リスト]

- □ 預貯金
- □ 印鑑
- □ 生命保険・損害保険
- □ 公的年金の記録・私的年金の名称・年金手帳
- □ 不動産情報
- □ 有価証券
- □ その他金融資産
- □ 貴重品（貴金属・骨董品・絵画など）
- □ 貸金庫・レンタル倉庫・トランクルーム・クレジットカード・互助会・携帯電話の契約・公共料金の契約状況など
- □ 借入金・保証債務

たら中身がまったく関係のない家のリフォームの書類だったので、株券がないと大騒動になりました。その方は結局ほかの場所から見つかり一大事にならずにすみました。こんなふうにあるはずのところになかったり、中身が違うことがよくあります。保管場所を確認し、封筒などの包みはあけて必ず現物を目で見て確かめるようにしてください。保管場所は、それまで実家の貴重品はここに保管、という場所があるはずなので、あえて移動させる必要はないでしょう。さまざまなところに散らばっていたものをその場所にまとめておきましょう。

手順②まで終了したら、最後の手順③で貴重品・重要書類をしまった場所を家族で共有しておきましょう。私が実際に伺った片づけの現場でも、家具を動かした際、家具の下のたたみのへりとへりの間に印鑑がめりこんでいたり、捨てようと思っていた空き缶など、とんでもないところから印鑑が出てくることがありました。大事な印鑑を、泥棒にとられないように通帳と別々に保管したのはよかったのですが、アイデアを絞りすぎて、本人がしまった場所を忘れてしまった例です。

こんな騒動や、勘違い、親族間の「あったはず」といういざこざを避けるためにも、**しまう場所は最低限親子で共有しておくことをおすすめしています**。しまう場所は、泥棒が10分以上探してもみつからないところが、防犯上適しています。

OKワード

- □貴重品をリストにしておくと安心だね
- □いつもの場所にあるか、見ておこう
- □なにが高級で貴重品かがわかると、助かるよ

NGワード

- □うちの通帳どこにあるの？　すぐにわからないと困るんだよね！
- □ほら、やっぱりしまった場所忘れているじゃない！
- □こんなにたくさん印鑑持って、どうするの！

貴重品、重要書類の片づけ

手順1　貴重品、重要書類のリスト化

・重要品・貴重品チェックリスト・

□ 預貯金
□ 印鑑
□ 生命保険
　損害保険
□ 年金手帳
□ 不動産情報
□ 有価証券

手順2　しまってある場所の確認

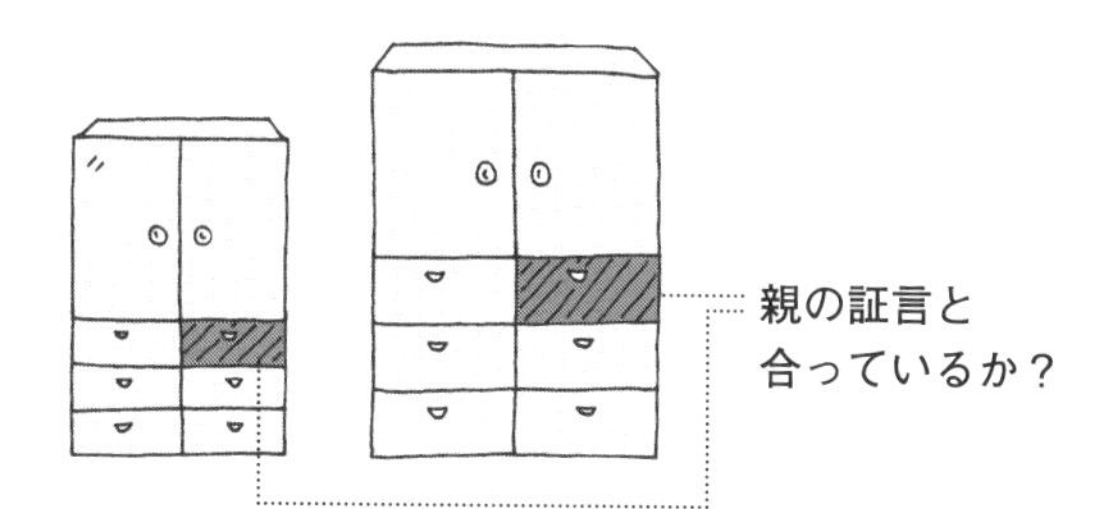

手順3　保管場所の情報共有

ステップ14

思い出の品、写真、手紙類の片づけ

【手順】

①「思い出」「一時保管箱」「捨てる」の3の法則でわける
②捨てにくい思い出の品を処分する
③「大事な思い出」をいつでも見えて取り出せる場所にしまう、飾る

いよいよ最終ステップです。ここまでで家の中からたくさんの思い出の品、写真、手紙が出てきました。それらを最終ステップで片づけていきます。

渡部式の「実家の片づけ」は、親のハートの遠いところからスタートしました。**最後は親のハート（心理）にいちばん近い場所、つまり思い出の品の整理です**。加えて、これまでのステップで思い出の品（写真や手紙など）をとりあえずひとまとめにしておきましょうと言ったのにはわけがあります。**片づけに時間がかかるいちばんの理由はこの**

「思い出の品」でいちいち立ち止まってしまうから。手紙を読み返して懐かしみ、写真を前に思い出話に浸る。そうすることで、時間がかかるうえ、忘れていた感情がよみがえり、捨てられなくなってしまうのです。ですから、これまでのステップでは思い出の品の片づけを一旦棚上げしてきました。最終ステップまでくれば、親も子ども自身も片づけることの重要性と気持ちよさを理解できているので、思い出の品に取りかかる心構えができている、というわけです。

まず、手順①で、これまで集まったものを、「思い出」「一時保管箱」「捨てる」にわけていきます。3の法則を使うと、「思い出だと思っていたけど思い入れだった」「人からもらったもので大事なものではなかった」「捨てない言い訳をしているだけだった」など、親の気持ちも明確になり、一時保管箱や捨てるものにわけることができます。また、このステップまでで家の中も片づいているので、子どもも親の思い出話に余裕をもって耳を傾けることができます。

以前、私が伺ったお宅でのエピソードですが、そのお宅には、親が40年以上前に経理の仕事をしていた頃使っていた、電動式の動かない大きな計算機がありました。娘さんにとっては邪魔で仕方がなかったものですが、このステップを行っているとき、親御さんがその当時のことをうれしそうに話し、娘さんもその話を楽しく聞くことができました。すると、話し終えた親御さんは、物への気持ちが離れて、すんなりと手放すことができたのです。物を捨てたあとでも思い出は生きる、という事例です。もしこの親子が会話をしながら片づけをしていなければ、娘はずっとこの計算機を見るたびに腹立たしく思っていたことでしょう。

一方で捨てるに捨てられない物も出てきますので、少しでも迷う物は一時保管箱を大いに活用します。よく迷うものの筆頭は手紙類や写真です。年賀状は今年書くときに必要な最新のものだけあれば不自由しないことを伝えます。写真は、同じような風景や人物が写っているものは、よく写っている物だけを「思い出」にわけていきます。たくさんある場合は、年代順にざっくりわけて、時代の新しいものから3の法則を使って分類していくと、写っている内容をおぼえていることが多いので作業が早く進みます。親自身が趣味でつくった刺繍や袋物、模型などの作品は、知人に譲ったり、バザーに出したりして、ほかの人に活かしてもらうのも一案です。なかには、この段階で「三味線は、娘にもらってほしい」「お父さんからもらった真珠は孫に」などと、自然な会話のなかで形見分けのような話になることもあります。親が話したいタイミングがあれば、**ライフメモの備考欄に書き足しながら、最終的な行き先まで整理する**のもいいでしょう。

手順②で、思い出ではなく、親が捨てにくくてとってあった物を処分していきます。写真は少しちぎったり、人形のように顔があるものは、顔を下に向けてごみ袋に入れたり、人によっては、「ありがとう」と言ってごみ袋に捨てたりと、簡単な「儀式のようなこと」をするだけで精神的にラクになる場合もあります。また、自分では捨てられないけど、息子や娘が代わりに捨ててくれるならお願いと、親の方から言い出すこともあります。そんなときはタイミングを逃さず処分していきます。

また、226ページにご紹介したような**人形供養、写真供養に出すのも選択肢の一つです**。誰が写っているのか親もわからない先祖の写真で、引き取り手がなく処分できない場合は、アルバムごとデジタルデータにしてコンパクトにする方法もあります。

手順③で、「大事な思い出」をいつでも見えて取り出せる場所にしまっていきます。アルバムは、ベストショットを集めて作っておくといいでしょう。普段でも寝ながら見ることができる軽い素材の、親の人生が総括されたようなアルバムにしておけば、災害時にもそのまま持ち出せるので、理想的な1冊となります。

また、リビングや寝室の安全な棚などの一角に、思い出コーナーをつくり、親の作品やお気に入りの写真、大事な思い出の品を飾る手もあります。いざというときに枕元に持って行けたり、防災リュックに入れられるものにしておくのもいいでしょう。万が一、**緊急で入院や施設入所となった時にでも、このコーナーにあるものを持っていけば、自宅と同じような思い出コーナーを再現することができ、癒やしにつながります。**

OKワード

- □この写真、よく撮れてるね
- □若いときの思い出なんだね
- □手元に置いて楽しめる物を選ぼうか

NGワード

- □この写真、古すぎ！
- □これ全部思い出っていわれても、困るんだよね！
- □誰が写っているのかわからない写真を持っていて、どうするの！
- □思い出の物ばかり、たくさん持っていてもしょうがないでしょ！

思い出の品・写真・手紙類の片づけ

3の法則でわける

捨てにくいものを処分

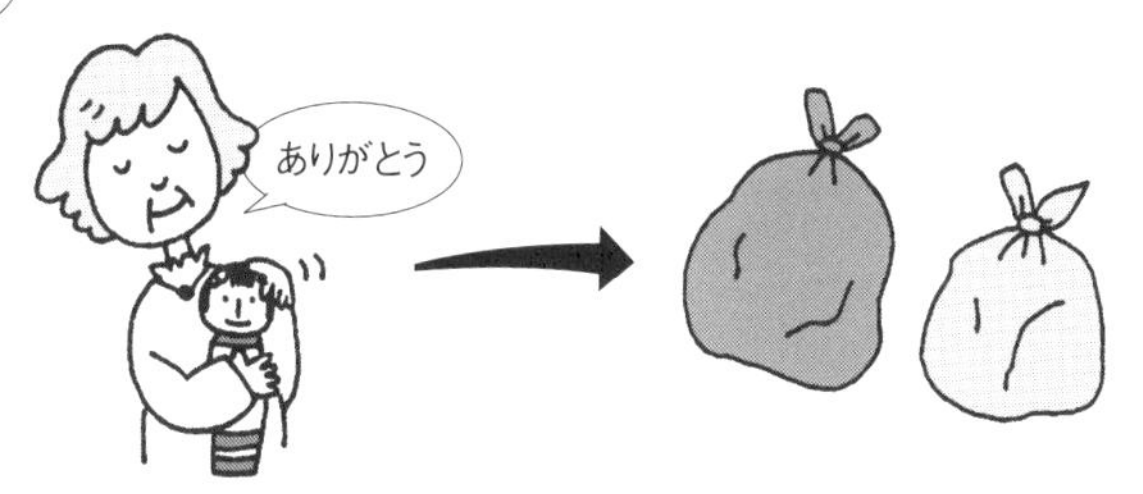

思い出の品の収納

コラム

ここまで、自宅での計画から実家で行う片づけの準備&実践までをご説明してきました。もちろんご家庭によっては、私はここだけ片づけたい、家には趣味の部屋はないからとばす、などのケースもありますので、みなさんなりの「実家の片づけ」プログラムを計画していただければと思いますが、本コラムでは私が普段お話ししているモデルケース「3日間集中コース」「年2回の帰省で片づけるコース」「月1帰省で3カ月コース」をご紹介しています。みなさんのプログラムのご参考にしていただければ幸いです（①〜⑭の番号は第3章のステップの番号を示します）。

3日間集中コース

【現在の状況】

- 親が遠方で一戸建てにひとり暮らし
- 帰省した娘がひとりで親と片づける
- 親は食器のコレクターのため、食器の分類に時間をかける（その分、服にはあまり

関心がない）

・近くに住む兄の子どもが時々遊びにくる

1日目　テーマ「少しの作業で片づいた感じを味わってもらう1日」

10：00　帰省　観察チェック　一時保管箱の置き場所とごみの一時保管場所の確保

10：30〜11：00　①ベランダ・外玄関の片づけ

11：00〜12：00　①庭木の剪定　草むしり（地域のシルバー人材センターに依頼）

②子ども部屋の片づけ（地域のシルバー人材センターに子ども部屋のいらない勉強机を、2階からごみの一時保管場所に下ろしてもらう）

13：00〜14：00　③内玄関、廊下、トイレ周り、階段の片づけ

14：00〜15：00　④タンスの上、寝室のクローゼットの上、食器棚の上の片づけ

2日目　テーマ「メインは趣味の食器コレクションの減量」

9：00～10：00　⑤健康に関するものの片づけ（飲み薬のチェックなど）
10：00～12：00　⑥キッチンの片づけ（食器棚を1つ減らすことに集中）
13：00～13：30　⑦寝室の片づけ（枕元に置かれているものを整える）
13：30～15：00　⑧リビングの片づけ
15：00～16：00　⑨～⑪洋服、趣味、本棚の片づけ（本や趣味ものはあまりない。書斎は部屋自体がないので省略）
終了　親は孫と片づいた部屋で遊ぶ

3日目　テーマ「片づいたあと、親族を呼んでミニお茶会」

9：00～10：00　⑫紙類の片づけ
10：00～11：00　⑬貴重品・重要書類のリスト化
11：00～12：00　⑬貴重品・重要書類の保管場所の確認
13：00～15：00　⑭思い出の品の片づけ（記念の食器をリビングに飾る、写真の整理）
近所に住む兄にごみ収集日のごみ出しを引継ぐ
15：00～　写真を見ながら、親戚・孫とミニお茶会
17：00～　家に帰る

お盆と正月・年2回の帰省で片づけるコース

［現在の状況］

- 遠方のため、盆暮れの年2回しか帰省できない
- 移動時間と親族との行事が多いので、片づけに使えるのは実質2日間ずつぐらいしかない。前後は親戚やきょうだいにお願いする
- 親は体力が続かないため、3の法則で先に物を選んでもらい、半分は休む

■1回目の帰省　夏

1日目　テーマ「60%の達成率で全体を片づける」

12：00　帰省　観察チェック　一時保管箱の置き場所とごみの一時保管場所の確保

13：00～13：30　①庭木の剪定　草むしり　ベランダの片づけ

13：30～14：00　休憩　暑いので無理はしない（30分～1時間に1回は必ず休憩をとる）

14：00～15：00　②子ども部屋　③内玄関、廊下、トイレ周り、階段の片づけ

15：00〜16：00　④タンスの上、寝室のクローゼットの上、食器棚の上の片づけ
16：00〜17：00　⑤健康に関するものの片づけ

2日目　テーマ「キッチン食品・道具・服の減量」

9：00〜11：00　⑥キッチン、食品・道具中心の片づけ（重たい鍋やフライパンの処分）
11：00〜12：00　⑦寝室の片づけ（ガラスケースの移動を親戚に頼む）
13：00〜14：00　⑧リビングの片づけ
14：00〜16：00　⑨洋服の減量・今着ていない服を処分（趣味、本棚はほとんどないので省略）
16：00〜18：00　⑫紙類の片づけ　⑬貴重品・重要書類の片づけ　⑭思い出の品の片づけをきょうだいと一緒に行う（近くに住む姉にごみ出しと時々訪問してチェックを依頼する）
18：00　家に帰る

■2回目の帰省　冬

1日目　テーマ「リバウンドしている所を中心に片づける」

12：00　帰省　リバウンドしていないか全体をチェック　冬の衣類が増えているので計画修正

13：00〜14：00　①庭木の剪定　草むしり（親戚の叔父さんに頼む。②子ども部屋は前回終わったのでやらない、③④もチェック程度）

③内玄関、廊下、トイレ周り、階段の片づけ

④タンスの上、寝室のクローゼットの上、食器棚の上の片づけ

14：00〜15：00　⑤健康に関するものの片づけ（新しい薬があったので、話をじっくり聞く）

15：00〜16：00　⑥キッチンの片づけ（食品を買いすぎているのでチェック、正月に集まる人数が最大なので、それ以上ある食器の処分をする）

2日目　テーマ「人を呼べる部屋づくり」

9：00〜9：30　⑦寝室の枕元のチェック

9：30〜11：00　⑧リビングの片づけ（贈答品の床置き、もらいものの処分

をする）

11：00〜12：00　⑨クローゼット内の片づけ（洋服の減量・今着ていない服やバッグを中心に片づける）

13：00〜14：30　⑨クローゼット内の片づけ（午前中の続き・正月に着ない着物を処分）

14：30〜15：00　⑪本棚の片づけ（処分するものをまとめておく）

15：00〜16：00　⑫紙類の片づけ　⑬貴重品・重要書類の片づけ

⑭新しい思い出の品を飾る

16：00〜　リビングを整えてお正月に人を呼べる部屋にする

3日目　テーマ「親戚に頼る・お願いをする」

10：00〜　親戚の叔父さんに車を出してもらい、公共のごみ持ち込み場まで運ぶ（夏に帰省した一時保管箱と今回でたごみを持ち込む）

月1回通って3カ月3回で片づけるコース

【現在の状況】

- 通える距離に実家はあるが、忙しいので月1回、泊まらずに帰省
- まめには顔を出しているので、家の中の様子はつかんでいる。おおまかな観察チェック、一時保管箱の置き場所、ごみの一時保管場所の確保は前回までに目星がついているので、すぐに作業に取り掛かれる
- 本にこだわりがある男親

1回目　テーマ「健康のための片づけ」

10：00〜10：30　一時保管箱の置き場所、ごみの一時保管場所の確保　計画はほぼ修正せずに取り掛かる

10：30〜11：00　①外玄関、ベランダの片づけ（マンションなので、①庭木の剪定　草むしりはない。②子ども部屋もないのでとばす）

11：00〜12：00　③内玄関、廊下、トイレ周り、階段の片づけ　④タンスの上、寝室のクローゼットの上、食器棚の上の片づけ

13：00〜13：30　⑤健康に関するものの片づけ（まめに聞いているので、だいたいわかるがチェックする）

15：00〜17：00　⑥キッチンの片づけ（ストック食品を買う癖があるので、

食べたことのないストック食材を使って夕食を食べてみる）

1カ月後の2回目　テーマ「前回の片づけのチェックと修正」

10：00〜11：00　前回やり終えた、①外玄関、ベランダ　③内玄関、廊下、トイレ周り、階段　④タンスの上、寝室のクローゼットの上、食器棚の上　⑤健康に関するもの　⑥キッチン　ストック食品を買う癖が戻っていないかチェック

11：00〜12：00　⑦寝室の片づけ

13：00〜14：00　⑧リビングの片づけ

14：00〜15：00　⑨クローゼットの片づけ

15：00〜16：00　⑪本の片づけ（売る本が大量に出たため、翌日古書店に引き取りを依頼）

16：00〜17：00　⑫紙類の片づけ　⑬貴重品・重要書類の片づけ　⑭思い出の品の片づけ（あまりこだわりはない）

さらに1カ月後の3回目「リバウンドのチェック、本棚の本格整理」

10：00〜　前回できた一時保管箱を、もう親が捨てていいと言ったも

のがあれば、車に積んで処分する（今回はごみの収集日と帰省日があわなかったため、自分の家に持ち帰って捨てる）

10：30〜11：00　1、2回目で片づけたところのリバウンドチェック

11：00〜12：00　⑪本棚にある処分する本がきちんと処分されているかチェック（もう一度3の法則を行い、古書店に売る本をわけておく）

13：00〜14：00　⑪本棚をもう一度整理する

14：30〜　古書店に売る本を引き渡す

15：00〜17：00　⑫紙類の片づけ　⑬貴重品・重要書類の片づけ　⑭思い出の品の片づけ

いかがだったでしょうか。ご家庭によっては実家が一軒家のところもあれば、マンション住まいのところもあります。親のこだわりの度合いが違う場所もあります。親の健康状態も日によって違います。片づけは体力的に1日3時間以内が理想ですが、帰省する日数が限られている場合はやむを得ず長時間に及ぶこともあります。親には途中から休んでもらう、30分〜1時間ごとに休憩するなどし、親子ともに健康第一で実行しましょう。それぞれの実家のケースと子ども世代が片づけに費やせる時間を考慮し、自分たちのペースで無理のない「実家の片づけ」を行ってください。

第3章まとめ

実家の片づけ実践編での基本ルール

- すべての物は3の法則で「使う」「一時保管箱」「捨てる」にわける
- 「わく枠大作戦」は親世代の生活スタイルに便利
- 片づける順番は「親のハート」からいちばん遠い場所からスタート
- ステップ順に進めることで親の片づけスキルもアップする
- 健康に関する情報、貴重品・重要書類の保管情報は家族間で共有する

第4章

ここだけ、これだけで大丈夫 9割の人が経験する リバウンドはこうして防ごう

チェック・修正

第3章を終えたら、ひとまず実家の片づけミッションは完了です。あとは、リバウンドしないようにいかに、C（チェック）とA（修正）を行っていくかが重要。高齢になるにつれて、しばらくリバウンドしていなくても、体力の低下で使いやすさが変わるときもあります。実家に行くたびに本章で紹介する5つをチェックしてみましょう。

チェック1

一時保管箱をつい開けていないか

次の帰省時に、まず確認していただきたいのが、一時保管箱です。

一時保管箱を開けたかどうかは、リバウンドしているかどうかがいちばんわかる、リトマス試験紙みたいなものです。ほとんどの親御さんは、片づけが終了し、一時保管箱の封をしてしまうと、その存在すら忘れてしまいます。しかしときおり、あれがあったはず……と思って、一時保管箱を開けてしまう方がいます。本来は探していたものが見つかったらそれでまた一時保管箱の封を閉めてほしいのですが、いったん箱を開けてしまうと、だいたいは目的の物を見つけ出す前に、忘れていたあんなもの、こんなものに目がいってしまいます。見なければ忘れていたものであっても、また目にしてしまうと、「これも使うかも」「いつか使うかも」という気持ちになってしまい、結果として、たくさんの物を、また部屋に戻してしまうことになるのです。

また、片づけていたときは子どもに言われて一時保管箱に入れたものの、やはり惜しくてまた取り出してしまう……というケースもめずらしくありません。

一時保管箱に入っている物は、親が判断して保管したものだったはずが、子どもに強制的に捨てさせられたという気持ちがあるのかもしれません。

もし、**帰省時に一時保管箱を開けた形跡がある場合は、一時保管箱の中身を出して、もう一度3の法則で分類を行ってください**。一度目を通したものなので、捨てていいというものも出てくることでしょう。ここでケンカになると、また別の一時保管箱を開けてしまうことにつながるので、親の気持ちを尊重して、分類していきます。もし悩んでいたら、「命を守るのに必要？」と声をかけるのがいいでしょう。この段階になると防災面の心構えはできているので、処分のきっかけになりやすいフレーズです。

よくあるのは、一時保管箱が親の目につきやすい場所に積み重なっていて、開けるつもりはなかったのに、つい開けてしまったというケースです。この問題はできるだけ目につかない場所に移動させて保管すれば、解決します。2階や物置など、親がほとんど使わない場所に保管し直しましょう。

逆に、一時保管箱に触った形跡がない場合は、3の法則はしっかりと親の心身に根付いたことになります。盆暮れにしか帰省できない人は、すでに半年間そのまま保管されていることになりますので、ちょうど**前回作った一時保管箱をそのまま処分することができます**。

親自身がそれほどこだわりもなさそうだったら、6カ月より早い時期であっても「もう捨てていいよね」「明日はごみ収集日だから、捨てておいてあげるね」などと言って、処分してしまうのもいいでしょう。

修正 ⬇ **一時保管箱を開けていたら、その箱の中身で、もう一度3の法則を行う**

チェック 2

洋服が脱ぎっぱなしになっていないか

長い間暮らしていると、家の中で洋服の脱ぎ場所やかばんの置き場所は、だいたい決まっています。

片づけをしているときに、たとえばリビングのソファーに脱ぎっぱなしの服が重なっている場所を無理やり片づけたとします。半年後に帰省した時にまた同じ場所に山ができていたら、リバウンドのサインです。

子どもとしてはせっかく片づけたところにまた洋服の山ができていたらつい、「またこんなところに脱ぎっぱなしにして！」と言ってしまいそうですが、そこは我慢してください。親を責めては絶対にいけません。ネガティブな言葉もNGです。すでに1章で述べたとおり、親の習慣にはどんな正論も太刀打ち(たちうち)できません。**この場合は前回決めた置き場所が適切ではなかったということです。**ただちに修正し、その場所に洋服をかけるスペースを作りましょう。その際、2着以上かけないなどのルールを決めてもらいます。どうせ服をかけるのなら、**おしゃれに脱ぎ着ができるように近くに鏡を置くなど、気持ちが明るくなる工夫をこらします**。洋服のほかに、廊下や玄関などで避難経路をふさいでいる物がある場合は、防災面からの危険性をもう一度伝えて移動します。このチェックは帰省するたびに行ってください。

また、片づけで動線や大型家具の配置が変わり、服を脱ぐ場所が変わったお宅もあると思いますので、前回片づけてみてどうだったかも聞いてみる必要があるでしょう。

ある母娘の例です。

70代半ばの母親は帽子コレクターで、外出から戻ると下駄箱の上に帽子を置く癖がありました。娘はそれがいやで、クローゼットの下段に服と一緒にコーディネートできるようにと帽子置き場を作りました。しかし3カ月後に帰省した際、そこに帽子はなく、またもとのように下駄箱の上に積み重なっていたのです。当然、娘の怒りは爆発！　たちまちNGワードの連発に発展してしまったのです。

これも、何十年も下駄箱の上に帽子を置いていた母親の習慣を無視して効率を優先した片づけを娘がおしつけてリバウンドした結果です。娘さんは、下駄箱の上に小さな棚と、棚の上に母親の手編みのレースを敷き、帽子置き場をつくりました。これによって、ただ脱ぎ捨ててあっただけの帽子を、形を整えて置くようになったそうです。チェックと修正がうまくいった成功例です。

なお、外出から帰ると、高齢になったことで、疲れてつい玄関や廊下に上着などを脱ぎっぱなしにしていることもあります。これまでは片づいていたのに脱ぎっぱなしが増えたということであれば、健康面にも気を配って、片づけ場所を再考してみてください。

修正 ➡ **親の習慣に即して、ポジティブな気持ちでしまえるように工夫する**

まとめ買いが増えていないか

リバウンドのいちばんの要因は、捨てる以上に物を買っているからです。

特に不必要なまとめ買いは要注意です。ダイエットがうまくいかないのは、消費カロリー以上に、食べるからといわれていますが、実家の片づけも同じです。

まとめ買いは、また3・11のような災害が起きたら、オイルショックのような紙不足になったら、という不安からきている場合もあります。足りなくなったら子どもが宅配便で送ってあげるとか、車で孫が届けてあげるよというように、**まずは声をかけて親の不安を取り除いてあげることが必要です。**

日頃、娘や息子に忙しくて相手にされない親世代は、店員さんに丁寧に話を聞いてもらい、親切にしてもらうと、つい買ってしまうということもあります。すでにライフメモを書いて同居の家族数を意識したはずでも、「まとめて買うとお得です」なんて言われると、大家族だった頃の感覚に戻ってしまうのです。

また、物が少なかった親世代にとって、100円均一ショップはパラダイス。多少、無駄な物を買っても、「安かったから」という言い訳ができます。

この場合は、帰省時に一緒に買い物をするとか、買う前に電話して相談してもらうなど、**親子のコミュニケーションをとるだけで、買いすぎてしまう癖がなくなるケースも少なくありません**。親から電話がかかってきたら、忙しいからといってろくに話も聞かずに切ってしまいがちですが、リバウンド防止のためにも、親との電話コミュニケーションを増やしてみてはいかがでしょうか。

私が相談を受けた、母親と二世帯住宅に住んでいる娘さんの例です。彼女は、70代の母親があるスーパーから毎週届く生活用品や食料品のカタログを見て、便利とうたわれているキッチン用品や洗濯グッズを使わないのに毎週注文するので困ると頭を痛めていました。見かねた娘が親には内緒でスーパーとの契約をやめてしまったところ、母親はとたんに元気がなくなったということでした。毎週届くカタログが1週間の生活リズムを作り、心の張り合いになっていたのだと、娘さんは思い知ったそうです。

このケースでは、共働きの娘夫婦が食べる生鮮食料品の注文を親に頼んだところ、買う楽しみが復活し、お母さんも元気になったとのことでした。もちろん無駄なキッチン用品などを注文することもなくなりました。買う楽しみを温存しつつ、親子のコミュニケーションをとっていくことで、無駄な買い物がなくなったという成功例です。

修正 ➡ **まとめ買いしなくても大丈夫だと安心感を持ってもらう**

チェック4

薬と避難経路、床が片づいたままか

健康面は、日々変化します。

特に高齢者の場合は、ちょっとした気候の移り変わりで足腰が痛み出したりします。

そして、**体の調子が少しでも悪くなると、とたんに部屋が散らかりだします。**

もし、新しいものも買った形跡はなく、とりたてて1カ所だけがリバウンドしているというよりも家全体がリバウンドしていると感じた場合は、その原因が健康面にないかをチェックします。

まず最初は薬のしまい方です。通院回数が増えていないかも必ずチェックしましょう。新しく増えた健康器具などがあったら、置き場所を一緒に考えます。薬が増えているケースもありますので、置き場所やお薬ポケットなどを使って、飲み忘れのない片づけ方を提案します。健康状態に関しては、帰省できなくても、電話をかけるなどして様子を常に聞いておきます。通院については、正直に言わない親もいますので、薬の状況をよく見てつかんでいきます。

同時に、玄関、廊下、階段などの避難経路や床に物が出ていないかもチェックします。少しでも置きっぱなしの物があれば、防災視点から納得してもらい片づけます。体力の低下が原因で置きっぱなしになる場合もあります。

もし、**健康面や体力面で片づけることができないようであれば、次章でお伝えするアウトソーシングの活用を考えてみるタイミング**かもしれません。

修正 ⬇ **薬のしまい方を再考し、避難経路の安全面を確認する。必要ならアウトソーシングの活用を**

チェック5

ごみが出されずに溜まっていないか

帰省したら必ず**ごみ出しができているか、捨てられるものが残っていないか、重たくて運べずに捨てられないものがないかをチェック**するようにしましょう。

分別がわかりにくい場合はごみ箱をわけるなどの提案をしてみるのもいいでしょう。

また、親自身が大丈夫と言っても、自宅に戻る前に、玄関先まで重たいごみを運んでおくなどしておくと喜んでもらえます。

私はこの仕事を始めて、ごみ出しがいかに難しい作業なのかを思い知りました。決められた曜日に合わせてごみを集めるというスケジュール管理と、複雑化するごみの分別、決められたごみ集積場所まで運ぶ力仕事など、あらゆる英知と体力が試されるといっても過言ではありません。ましてや分別は、年々複雑になっています。親が若いころは燃えるごみ、燃えないごみの分類だったものが、プラスチック、古紙、粗大ごみ、資源ごみ……など、増える一方です。子どもも世代でもときどきわからなくなってしまうのですから、親世代が混乱しても当たり前です。

以前相談を受けたケースでは、悪気はなく分別をうっかり間違え、町内会の当番に怒られたという経験をしたことで、ごみ出しが面倒になり、家にごみを溜めるようになったという親御さんもいらっしゃいました。体力の低下から、捨てたくても重たくて捨てられない、粗大ごみとして出すのが面倒で家の中に捨てずに置いてあることが、リバウンドにつながることがよくあります。そんなに広くもない都会のマンションでは無理なことでも、場所だけはある実家では庭の片隅にごみを重ねておいても、親さえ見なかったことにすればそれで済んでしまいます。もし、「捨てたくない」と言い出したら、「防災のためにごみを片づけよう」というOKワードや、「命を守るために必要？」と問いかけて、面倒でもごみ出しは重要であることを伝えて、促していきましょう。

まだ一部に限られていますが、最近はごみ出しボランティア制度のある地域も出てきました。一定の条件があり、自治体等への申請が必要ですが、元気なうちにこういった制度があり、ごみ出しぐらいでも相談にのってもらえるということを話しておくと、将来、気軽に地域に頼れるようになれます。ごみ出しはたいへんだということを帰省のたびに話して、困っていないか、チェックしていきましょう。

修正 ⬇ **捨てられずに残っているごみを出し、分別やごみ出しをしやすい環境にする**

第4章 まとめ

実家に帰ったらここをチェック！　リバウンドパトロール

チェック1 一時保管箱を開けていないか

チェック2 洋服を脱ぎっぱなしにしていないか

チェック3 まとめ買いが増えていないか

チェック4 薬、床置きのものが増えていないか

チェック5 ごみが出されずに溜まっていないか

第5章

親のため、自分のためにも賢く使う アウトソーシング活用術

活用

実家を片づけようと計画を立てたとき、リバウンドを防止したいとき、便利なのが「他人の手や目」です。しかし、なかには人の手を借りることを嫌がる親がいるのも確か。本章では、そんな親世代を納得させて、実家の片づけをもっと簡単にする方法をご紹介します。

活用術1 掃除や片づけサービスを嫌がらずに使ってもらう

多くの親、特に**女親は、家の片づけに外部の人間が入るのを嫌がります**。子ども世代が便利に使っているサービスでも、親世代にとっては片づけができない恥ずかしい自分を赤の他人に見せることなので、なかなかうんとは言ってくれません。

これはよくあるエピソードなのですが、いざサービスを頼んでも、業者の人が来る直前に片づけや掃除をはじめる親がいます。冗談のような話なのですが、「人が家に来るのにみっともない。きれいにしなきゃ」という、まさに親世代の心理です。子ども世代からするとせっかくお金を払って片づけてもらうのに、その前に自分で片づけるなんてとんでもないことですが、それほど親世代は「片づいていない家」を見られるのをよしとしないのです。

そんな親世代に、他人に片づけてもらうことを受け入れてもらうにはどうすればいいか。まずは、「近所の○○さんも使っている」など、身近な人が使っているサービスだということを伝えたり、「高いところを掃除してもらえるからラクだよ」というふうに、今からサービス慣れしておくと、将来がラクになるということをアピールすることです。

また、いちばん最初にサービスを使うときは子どもがいるときに来てもらうと、親も安心するようです。**お誕生日や母の日などにプレゼントし、サービスの便利さを体感してもらうのもいいでしょう**。

実は、こうしたサービスは実家が片づくメリットのほかにも、親が定期的に頼むのを受け入れれば、見守りサービスの役目も果たしてくれます。**親がひとり暮らしの場合は、子ども世代の安心のために利用するのも一案です**。さらに、今後ケアや介護が必要になったとき、第三者の介入に慣れておく練習にもなります。

多少お金はかかりますが、親の健康や安全、将来への不安を解消するためと割り切る考えもあるでしょう。

活用術2 ごみの収集を不用品回収業者にお願いする

子ども世代は忙しく、ごみの収集日に合わせて帰省のスケジュールを組むのは至難の業です。うまく合わせることができたとしても、不燃・可燃・粗大と収集日もわかれているため、短い帰省では、どれかはこぼれおちてしまいます。そんなときは、予算さえあえば不用品回収業者を頼むと負担が減ります。

不用品回収業者の中には、たとえば軽トラック1台1万5000円〜というのがあります。業者によっては、自治体のごみ収集のように分別しなくて済み、こちらの片づけの進み具合に合わせて回収にきてもらえるので便利です。親が一度捨てたものをまたごみ収集場所から持ち帰るというタイプの場合は、業者を依頼しておき、片づけたその日のうちにすべてのごみを家からなくすという利用の仕方もあります。

また、業者によっては、重たい家具を動かすことや、ごみの袋詰めなども頼めますし、大型家電などはリサイクル品として、全体のごみの料金から値引きしてくれることもあります。それなら、別の時間にわざわざリサイクル業者を呼んで、売る商品だけを引き取りに来てもらわなくても済むので便利です。

利用する際は、計画を立てるときに自分たちでどこまでできるかを決めて、見積もりをとります。作業員の数や回収の日時、回収する地域、分別するかしないかなどの条件で異なりますし、あとから請求が来る場合もあるので、よく吟味するようにしましょう。

ちなみに、家族が亡くなったときに頼むのが遺品整理業者です。ごみと思われる物の中から、不用品を回収するだけでなく、貴重品や重要品を見つけ出す手伝いをしてくれます。生前に高齢になってきた親自身が、子どもに迷惑をかけたくないという理由でこういった業者を頼む場合もあります。ただし、貴重品・重要品が何かということや、思い出の品を選ぶことは、他人にはできません。最終的な判断をするのは、ご本人かご家族です。料金的にも、廃棄物代にプラスして、貴重品の仕分け代などの作業代等がかかります。決して安いものではないので、見積もりを取り、よく検討してから依頼するようにしましょう。また、見積もりを取るという行為は、親世代にとっては負担が大きいので、面倒でも子ども世代が取るようにしてください。

業者を頼む場合は、誰が費用を負担するかという問題があります。いちばんいいのは親自身が納得して出してくれることですが、ごみにお金を払うということに抵抗がある親御さんもいらっしゃいます。そうした場合は、自分で少しずつ普段のごみ出しをしていくことの重要性と大変さを納得してもらい、自分ではできないこと、業者がやってくれることをよく説明しておきましょう。

ちなみに、親が亡くなってから片づけると、費用面でも、精神面的にも子どもに負担がかかります。ただでさえ葬儀などで時間がないケースがほとんどなので、かなりの部分を業者にゆだねることとなります。

悲しみから片づけに手がつけらないと、家が傷むだけでなく、大型家電などのリサイクル品として売れるものも売れなくなります。業者への片づけ費用も、親が元気なうちにしておけば半分以下ですんだかもしれないと思われるケースにも出合ったことがあります。**親が亡くなったあとの片づけ費用は、相続税の控除の対象ではないので、経済的には子どもが丸抱えとなります。**実家が賃貸物件や売却したい物件などの場合、片づけを終える期限も決まってくるので、思い出の品をゆっくり選ぶ時間もなく、心身ともに負担がかかります。

こうしてみると、実家の片づけは、**親族間のトラブルを防ぎ、お金がかからず思い出も厳選できるという理由で、やはり親が元気なうちに、会話をしながらやっておくのが、いちばんいい**ことがわかります。

見守りサービスを拒絶しないで受け入れてもらう

今は家電や電子機器が発展し、いろいろな見守りサービスがあります。

たとえば、親が使う「電気ポット」「ガス」「電気」の利用状況を、離れて暮らす子どもの携帯電話のｅメールなどに知らせる見守りサービスがあります。実家が遠かったり、忙しくてつい電話するのを忘れてしまったりする場合など、定期的に情報が送られてくるので、インターネットに慣れている子ども世代にとっては便利なサービスです。

どれも比較的高齢者が見守られている感覚を意識しないですむようにできていますが、そういったサービスにお金を払うことに「もったいない」という気持ちを持ったり、電子機器でチェックされているようだと嫌がる親もいます。そんなときは、**孫を使って親の合意を得る方法もあります。たとえば、メールや電子機器を使うサービスが、かっこいいということを伝えてもらったり、電気ポットを使っていない時間が長ければ、すぐ**

に孫に電話してもらい、どこに出かけていて留守だったのかを聞いてもらうなど、サービスを親と孫との会話のツールにしてしまいましょう。また、物をまとめ買いしたり、あまり使わない物を無駄に購入するよりも、見守りサービスにお金を払うことのほうが有益だと、片づけながら伝えていきます。

家族の依頼で家を訪問してくれたり、旅行や入院などで留守にしたときの郵便物の取り込み、水まわりのトラブルや電球交換、家具移動などにも対応してくれるオプションのついた見守りサービスも出てきています。片づけサービスを拒んでも、こういったことなら受け入れてくれる親もいるかもしれません。申請が必要な自治体の本格的な高齢者サービスをいやがる親には、このようなサービスをすすめてみるといいでしょう。高齢化が進み、離れて暮らす親に関する子ども世代へのサービスはどんどん新しいものが登場してきます。サービスを取り入れたあとでも、たびたび見直し、さらに親に合う新しいサービスがないかアンテナを立てておきましょう。

活用術4 友人を招いて次の予定を積極的に入れてしまう

親が元気な場合、いちばん安上がりに片づく方法は、「外圧」を利用することです。**「外圧」とは、家に他人を呼ぶ予定をつくること**です。

たとえば、何月何日に、趣味サークルの友人を家に招くという「予定」を入れるだけで、その前日までに家を片づけたいという目標ができ、片づけるモチベーションも持続します。親も趣味の話ができるので、いきいきとしてきます。

慣れてきたら、定期的にお茶会などを行うように勧めてみるのもいいでしょう。

子ども世代はその間をぬって帰省し、第4章のリバウンドパトロールをしていきます。

子どもがなかなか帰省できないときは、孫だけ遊びに行かせたり、親戚に様子を見に行く予定をいれてもらったり、工夫をこらして、**定期的に「外圧」がかかるように、采配(さいはい)していきます**。定期的に訪問してもらうことで、リバウンドも防げます。

近くに住む親しい親戚がいたら、「ここがきれいになった」「次はここが片づくといいね」など、言葉かけをお願いしておくのもいいでしょう。**子ども以外の人にほめられたり、目標を言われたりすると、「外圧」の作用でますますいい効果をもたらします。**私の知り合いに、なかなか片づけが進まず、最初は友人を招く自信がまったくなかった方がいます。しかし、親戚を何回か呼ぶうちに部屋も片づき、1カ月後には友人を招くようになって、毎朝の掃除の習慣が戻り、おしゃれにも気を配るようになりました。

また、ある知り合いは、2時間程度の片づけサービスを1カ月に1度入れることで、リバウンドを防ぐ「外圧」にしています。活用術1で述べたような、家に他人を入れて掃除や片づけをすることを恥ずかしいと思っていた方だったのですが、サービスをしてくれる業者とたいそう性格が合い、信頼関係が生まれ、その方に見せるために片づけるようになったのです。片づけ業者が来る前に片づけるという、子ども世代からみるともったいない話ですが、その方は生活に新しい張り合いが生まれたので、子どもたちは目をつぶっています。親子で取り組むと煮詰まる片づけも、いろいろな「外圧」を使えば、快適な状態を保つことができるのです。

活用術5

孫、きょうだい、親戚、隣近所を巻き込む

実家が遠い場合、やはり頼りになるのは、身内と近所の方々です。

まず、活用術4で述べた孫や親戚などの身内に「外圧」になってもらう方法のほか、実行部隊として活躍してもらう方法があります。具体的には草取りや庭木の剪定、ごみ出しなどです。子どもが忙しくて帰省できなくても、孫がある程度年を重ねているのなら、ひとりで祖父母の元をたずねてもらい、草取りや掃除、雑巾がけなど、積極的にやってもらいます。**親は孫がくると、「孫を接待しなければいけない」と張りきる**ものですし、子ども世代に片づけをやってもらうのは恥ずかしいと思っているかもしれませんが、孫ならやってもらっているという罪悪感も抱かず、機嫌よく語らいながら片づけることができて、一石二鳥です。

親戚やきょうだいが実家の近くにいる場合は、あなたが帰省する前に、**片づいていな**

い場所、最近買ってしまったものなどを写真で撮って送ってもらいましょう。あなたは撮った写真を見て、片づけの計画を練ることができます。一度片づけ終わったら、リバウンドの状況を写真でチェックすることもできます。

また、ステップの番号ごとに「お兄さんは庭を◯日にやっておいて」「妹はキッチンの食器を」と、片づけを分担するのもいいでしょう。

あなたひとりで片づけるときは、事前にきょうだいには必ず声をかけ、何をするかを伝えておきます。とくに大きな家具を処分するときは一声かけないと、親が納得していても、「勝手に捨てた」「欲しかったのに」というクレームを受けるケースもあります。

なお、部屋を片づける前と片づけ終わったところ、捨てた家具、ごみ袋などの諸費用、ごみ処理にかかった費用、交通費のレシートは、すべて写真を撮っておいて、親族間で共有しておきましょう。片づけている最中は忙しくてメモをとる時間もありませんが、写真なら簡単です。片づけ前と片づけ後が一目瞭然のうえ、日付順に残しておけば、片づいたあとの爽快感をみんなで味わうことができます。万が一、相続などの話でもめた場合には、家への尽力度を示す記録として、片づけ前後の写真やレシートの写真は役に立ちます。

きょうだい間や親族の間でこうして力を合わせている姿を見るのは、親にとってはうれしいことです。きっと喜んでくれます。

また、半年に一度ぐらいしか帰省しない場合、手土産つきで隣近所にご挨拶をしておきます。庭木が伸びてご迷惑をかけていたり、ごみ出しを手伝ってくれていたり、雪の日に雪かきをしてくれたりと、子ども世代が知らない間にお世話になっていることがあるからです。親が一般的に高齢者といわれる65歳を超えたら、あなたの携帯電話の番号も菓子折りの上に載せて、手渡しておくのがいいでしょう。

宅配業者、通販を賢く利用する

高齢になり、つい自宅で通販やテレビショッピングで物を買ってしまう親御さんもいらっしゃいます。近所のスーパーに行ったときにストック食品を「大人買い」してしまう親御さんもいます。どちらもキッチンに入りきらなくなり廊下まではみ出してしまったら、もとの木阿弥(もくあみ)です。前述したように、買いだめをしていないかは常にチェックしておく必要はあるのですが、そうは言っても買う楽しみを奪うのも考えものです。業者を親の相談もなく勝手に解約したら、またほかの業者を入れてしまったというケースもあります。**買う楽しみを残しておかないと、かえってリバウンドしてしまうのです。**

買いたいものがでてきたらカタログに付箋(ふせん)を貼って3日間考える、次回の子どもの帰省時まで待ってもらって実物を見てから買う、服は3着捨ててから買うなど、親子で「買い物のスタイル」を話し合っておけば、買いこみを減らすことができます。物がなくても安心してね、私たちがいつでも届けてあげるよというメッセージを子どもから出し続けることが大切です。

食料品を1週間に1回、宅配する業者などは、同じ配達員さんと顔なじみになることができるので、日頃から仲良くしておくのもいいでしょう。親が出掛ける予定がないのに留守だったり、郵便物がたまっていたなど、親の様子に異変があったときなどには知らせてくれるように頼めるようならお願いしてみましょう。本当に買い癖がある場合でも、配達員さんと日頃から顔なじみになっておけば、返品処理をしやすくなります。

余談ですが、親世代は節約精神が強いがために、「まとめて買うと割安」というフレーズに弱いものです。余らせて捨てることになればもったいないことをきちんと話し合っておきましょう。親が元気なら、ストックが最後の1つになったところで、多少割高でも、親自身がひとりで持てる1個だけ近所で購入するのをすすめます。健康のために宅配業者に頼らず、自分で歩いて買い物に行くことを日課にしている人もいます。本当に重いものだけ宅配業者にお願いすると、大変じゃなくなるし経済的にもいちばんおトクだと伝えてみてはいかがでしょうか。

通販には、上手に頼りながらも、頼り切らないのがコツなのです。

親がSOSを出しやすくする環境を作る

片づけのゴールは、「親が安心・安全・健康に暮らせる家」にすることと、この本では何度もお伝えしています。そのためには、親がSOSを出しやすくする環境づくりも必要です。普段からいざ具合が悪くなったときに、親が離れて暮らす子どもにすぐにSOSを出せるようにしておけば、万が一の病気やけがへの対策が早くとれます。また、高いところに手が届かないときや、家の中の物を動かしたいときなど、気軽にどうしたいかを言えるようになります。

親がSOSを出しやすくするということは、親が本心を言いやすい環境をつくるということと、ほぼ同義です。そのためには遠方であっても、実家と接触している時間を今より少しでも増やす必要があります。これは日頃の会話の頻度と質によるといってもいいでしょう。

自分が電話できないときは見守りサービスなどの機器を使ったり、孫や親戚にかかわりに電話をかけてもらったりして、自分だけに限らず、常に親が誰かと接している時間を長くするように環境を整えていきます。

家が片づいたことで人を呼ぶことができるようになれば、親戚や孫も話がしたくて、定期的に親の家に遊びに行くようになっていきます。すると親が自分自身を肯定することができ、困ったらＳＯＳを出せばいいのだということがわかってきます。

実家の片づけはこれでいいという１００％完成はありません。子ども世代も一緒に年を取り、いつも見直しを続けていく必要があるのです。

第5章 まとめ

アウトソーシングを上手に活用するための方法

1 掃除や片づけサービスの便利さをわかりやすく伝える

2 不用品回収業者を頼むときは見積もりを取り、信用できるところに任せる

3 まずは手軽な見守りサービスからはじめ、状況に合わせて変えていく

4 定期的に友人を招くように勧めてみる

5 孫・きょうだい・親戚・隣近所とも付き合えるような環境を子どもが作る

6 宅配業者・通販との付き合い方を話し合ってみる

7 親が気軽にSOSを出せるように日頃からコミュニケーションを取る

おわりに

実家の片づけは、学校では教えてくれない「総合科目」みたいなものです。仕事・子育て・介護などの身近な問題、趣味や思考、消費や流通、空き家などの経済問題、環境問題、相続からお墓問題まで、あらゆることと深くつながり、心の内を映し出し、「物の散らかり」となっています。さらに人生は大人になってからが長いので、片づけは年齢やライフスタイルに合わせて学んでいく生涯学習（リカレント教育）のひとつともいえます。

しかも、なまじ親子だけに、他人の家の片づけよりもよっぽど難しい。

今まで棚上げしていた親子の葛藤とも向かい合わなければいけないし、一生逃げ切れるものでもありません。いくら見ないことにしたくても、どこまでも追いかけてきます。少子高齢化問題が深刻になるにつれて顕在化したのが、今の「実家の片づけブーム」と言えるのではないでしょうか。

こうして考えると、実家の片づけは、もはや家庭内にとどまらない、社会現象です。

失敗してもネガティブになることはありません。冒頭でもお伝えしたとおり、私の片づけ上手塾 エグゼカレッジ表参道校の「大人片づけ講座」に通ってくださる方々の多くは、その失敗を経験し、今では実家の片づけに成功している人たちです。もしあなたが片づけられなくて悩んでいるとしても、ぜひあきらめずに一緒に学んで片づけ上手への道を進んでほしいと思います。

実家の片づけは今はあまりコミュニケーションの取れていない親御さんとでも関係の修復・再構築のチャンスです。

さらに、最難問である実家が片づくスキルが身につくと、親子関係がよくなるだけでなく、自分の家も自然に片づくスキルが身についてきます。すると、やりたいことに時間と力を注げるようになるという、素晴らしいおまけもついてきます。私は片づけの現場でそんな素敵なストーリーをたくさん目の当たりにしました。

この本を手にとり、さらに最後までお読みいただいたというだけで、実家の片づけのモチベーションも、親孝行のマインドも充分。ぜひポジティブにとらえて、親御さんが元気なうちに、実家の片づけをすすめてほしいと思います。

私自身、もともと片づけ上手だったから、片づけの塾の講師になりました……と、普通の「片づけ講師」のように言いたいところですが、実際の私は全く逆、いわゆる「片づけられない女」でした。

今は仕事のできる人ほど、「机の上がキレイ」というのが常識ですが、私が社会人になりたてのころは、片づけブーム前夜。多少オフィスの机の上にやりかけの仕事が積み重なっていても、逆に仕事をしていると上司が勝手に勘違いしてくれた、「幸せな時代」でした。探し物をしようとも、見直すことのない資料をためて同僚に邪魔扱いされようとも、片づけようという意識すらなく、そこそこやり過ごしてきたのです。

そんな共働きの中、高齢出産で子どもが生まれ、自分以外の都合で入ってきた大量の子ども用品の管理と、初めての子育てという壁にぶつかり、家の中が荒れてしまったのです。

慌てふためいた私はすぐに片づけ本を買いに走りました。ところが、何冊読んでも片づきません。積みあがった本は雪崩を起こし、片づけ本が片づかず、ますます家の中が散らかるという、笑うに笑えないスパイラル状況に陥りました。

私は面倒くさがりなので、見栄えよく収納するというよりは、いかにラクをして効率よく片づけるかということを、いつも追い求めていました。巷の本に書いてあることだけでは物足りなくて追究するうちに、こんな私でも片づくようになったのです。そして、共同で片づけのセミナーをする塾まで作り、皆さんにそのメソッドを教える立場にまでなれたのです。

この本は、私自身の片づかなかった過去や、ケンカも人並み（？）な母娘関係であったという経験があったからこそ生まれました。実家の片づけに悩む多くの人の気持ちに寄り添ったものになるよう心掛けて書きました。

この本が、実家の片づけに悩む方々のお役に立てば幸いです。

最後に、片づけ上手塾　エグゼカレッジ表参道校の関係者や受講生のみなさん、ご協力いただいたみなさん、家族をはじめいつも支えてくださっているたくさんの方々、そして、出版に向けてご尽力くださったダイヤモンド社の加藤貴恵さんに心から感謝いたします。

多くの方が片づけ上手になりますように。

2015年1月

片づけ上手塾　エグゼカレッジ表参道校　代表理事　渡部亜矢

引取り先便利帳

れぱいいの？」という物。それぞれの引取り先業者や公的機関をご紹介します。

ジャンル	捨て方・リサイクル先等	問い合わせ先
写真	故人の写真など、処分に困った写真は、段ボールに詰めて送ると供養し、お焚き上げしてくれるところもある。	倉留寺 http://www.soryuji.jp/shashin.html ☎0853-31-6388
電化製品	家電リサイクル法に基づいて処分すると、数千円かかるが、型式が新しければリサイクル業者が引き取ってくれる場合も。一度ダメ元で問い合わせてみよう。	家電高く売れるドットコム http://www.kaden-takakuureru.com/ 0120-945-991
パソコン	PCリサイクル法により、メーカーに自主回収・リサイクルが義務付けられているので、メーカーに連絡して回収してもらう。また、小型家電リサイクル法の制定により、自治体でも順次回収がスタートしている(品目は問い合わせを)。型式が新しかったり動作に問題がなければ、リサイクル品として比較的高値で引き取ってもらえる。	ソフマップ宅配買取 http://www.sofmap.com/kaitori/ ☎0077-78-9400 リネットジャパン (パソコン・小型家電) http://www.renet.jp
布団、毛布、絨毯	粗大ごみとして自治体に申し込むのが一般的。毛布や絨毯は自治体のルールにより、小さく切れば燃えるごみとして出せる場合もあるので、問い合わせを。	—
食品	調味料、缶詰、瓶詰は中身を出して自治体の分別に従って捨てる。	—
スプレー缶	使い切るのが原則だが、自治体によっては中身が入っていても引き取ってくれる場合がある。また、穴をあけずに捨てられる自治体も増えているので、確認を。	—
灯油・ペンキなど	発火の危険があるものは、販売店に処分を依頼する。	—
ペット	飼い主が他界した場合、ペットは法定相続人に承継される。子ども世代が引取れなくても、すぐには里親が見つかるとは限らないので、早めに里親探しをしておこう。	—
骨董品など	つぼや掛け軸、人形などは値のつかないものがほとんど。ダメ元で古美術商に持ち込んでみる方法も。 日本刀が見つかり、なおかつ登録書がない場合は所轄の警察署に出向き「発見届」の手続きをする。	—

困ったときの捨て方、リサイクル先・廃品

本や着物、お守りから仏壇まで、片づけの最中に出てくる「これはどうす

ジャンル	捨て方・リサイクル先等	問い合わせ先
本、DVD、CD	家まで取りに来てくれる宅配便サービスが便利。ブックオフオンライン宅本便、ネットオフ宅配買取ともに送料・手数料は無料。買取金額を寄付できる仕組みも。3月などの引っ越しシーズンは込み合うので早目に手配しておくのがおすすめ。	ブックオフオンライン宅本便 http://www.bookoffonline.co.jp ☎0120-37-2902 ネットオフ宅配買取 http://www.netoff.co.jp/sell/ ☎0120-39-0202
着物	実家に眠っていて処分に困るものNo.1なのが着物。引き取ってもらっても値段がつかない場合が多い。まずは査定をしてもらい、金額に納得できれば買取してもらうか、欲しい人に引き取ってもらおう。	有限会社シンエイ http://www.net-shinei.co.jp/purchase/index.html ☎0120-15-6608
洋服	バザーに出すにしても当日までの保管管理が大変。きれいに洗ってあるものや新品のものは、地域の清掃局や役所の窓口に持ち込めばリサイクルに回せる場合があるので問い合わせてみよう。	—
お守り・お札	基本的にはお守りをいただいた神社やお寺に返すが、遠方で行けないときは近くの神社やお寺でもOK。 年末年始の境内に置かれた箱に納めるほか、神社のものは神社へ、お寺のものはお寺に返納し、お焚き上げしてもらう。神社やお寺によっては郵送で受け付けてもらえるところも。お焚き上げ料金はお守りと同額程度を納めるのが一般的だが、決まりはない。	—
位牌・仏壇・神棚	親族と相談のうえ、菩提寺に問い合わせる。仏壇は片づけ業者や仏壇業者で供養してもらうこともできるが、仏壇業者の場合は数万円かかることが多い。粗大ごみとして出す場合は、事前に必ず地域の担当係に問い合わせを。	多摩堂 (仏壇供養料は5000円~) http://tamadou.com/ ☎042-634-9741
人形・ぬいぐるみ	人形やぬいぐるみは一般ごみとして出せるが、分別が地域によって違うので問い合わせを。いざというときには人形供養をしてくれるところに郵送する方法もある。	一般社団法人日本人形協会 人形感謝(供養)代行サービス http://www.ningyo-kyokai.or.jp/kuyou/ ☎0120-25-5942

	家族の人数	居住人数	部屋の広さ	大切なモノ・コト	夫or妻の年齢	第一子	第二子	第三子

[備考欄]

貴重品　重要書類リスト

ライフメモ

西暦	和暦	歳	社会の出来事・流行	思い出・行事

[ライフメモ　記入のための　思い出しキーワード]
学校　友人　恩師　仕事　転居　家族　就職　結婚　健康　習い事　スポーツ　音楽　引っ越し　好きな物

[著者]

渡部亜矢（わたなべ・あや）

片づけ上手塾 エグゼカレッジ表参道校代表理事。

1965年神奈川県生まれ。銀行、出版社等に勤務後、2012年一般社団法人日本エグゼクティブプロモーター協会を共同で設立、片づけ上手塾 エグゼカレッジ表参道校を開校し、代表理事に就任。

片づけのコツがわかる「片づけ上手講座」や、実家と自分の家を整理し、高齢化社会に即した「大人片づけ講座」の開催、出張片づけサービス、講師育成などに取り組んでいる。
- 片づけ上手塾 エグゼカレッジ表参道校
  http://www.exepromo.jp/
- 渡部亜矢コラム
  http://mbp-tokyo.com/execollege/

プロが教える実家の片づけ

2015年1月22日　第1刷発行

著　者 ――― 渡部亜矢
発行所 ――― ダイヤモンド社
〒150-8409　東京都渋谷区神宮前6-12-17
http://www.diamond.co.jp/
電話 03･5778･7236（編集） 03･5778･7240（販売）

装丁・本文DTP ― 轡田昭彦＋坪井朋子
イラスト ――― 井上まさこ
カバー写真 ――― ©TOSHIO NAKAJIMA/orion/amanaimages
制作進行 ――― ダイヤモンド・グラフィック社
印刷 ――― 慶昌堂印刷
製本 ――― 川島製本所
編集担当 ――― 加藤貴恵

ISBN 978-4-478-06292-0